U0592611

创意探索 音韵交融

——"双新"背景下中学音乐学科
项目化学习实践探索及案例解析

赵 湘 著

SMPH

上海音乐出版社

探索音乐学科项目化学习的无限可能性

史炯华

在人类文明的历史长河中，音乐始终以其独特的魅力，跨越时空的界限，连接着不同文化、不同时代、不同地域的人们。音乐不仅是人们情感的抒发，更是人类智慧的结晶，它是人类共同的语言。随着教育理念的不断进步，教学方式的不断变革，全国"双新"的持续推进，项目化学习应运而生，这一创新模式为学科教学注入了新的活力。音乐学科也不例外。项目化学习的运用，让音乐学习不再局限于传统的技能训练和理论讲授，而是成为了一种富有创造性、实践性和跨学科性的探索之旅。

赵湘老师的《创意探索　音韵交融——"双新"背景下中学音乐学科项目化学习探索与案例解析》著作，正是在这样的背景下形成的。它旨在为每一位音乐学科教师打开一扇窗。透过这扇窗，我们可以看到音乐教育的全新面貌，感受到项目化学习在音乐学科中的无限可能。

项目化学习，强调以学生为中心，通过真实情境下的任务或项目，引导学生在探究、合作与创造中自主学习，从而深化理解、提升能力。赵湘老师作为五四学制义务教育音乐教材的编写组成员，深知音乐教育的重要性与特殊性。音乐不仅是艺术的表现形式，更是情感交流的桥梁，是文化传承的载体。于是，赵老师将音乐学科教学与项目化学习充分结合，赋予了音乐教学新的生命力和广阔的空间，以此激发学生的音乐潜能。我们发现，通过本书中案例或项目化学习实践，学生不再只是被动地接受音乐知识，而是成为了音乐探索者、创作者和表演者，学生们的音乐素养、创新思维和团队协作能力得到了全面的提升。

本书理论结合实践，全面而深入地探讨了音乐学科项目化学习的各个方面。通过"怎样设计驱动性问题""如何创设真实的学习情境"等领域的五项探索，系统阐释了项目化学习的基本理念、特点，构建了一个清晰明了的理论框架。再通过丰富的案例，展示了如何在音乐教学中设计并实施项目化学习，包括如何确定项目主题、制定项目计划、组织项目实施等关键环节。这些案例也是结合赵老师参与编写的音乐教材，生动而具体地诠释了项目化学习在音乐学科中的具体应用和价值所在。

值得一提的是，通过本书中跨学科整合的音乐学科项目化学习，更是让我们感受到了"双新"背景下的教育教学变革。音乐作为一门人文学科，不仅与绘画、书法、舞蹈、戏剧等艺术学科密切关联，还能从音乐中感知到来自文学、历史、科学等多个学科的信息。跨学科的项目设计，不仅可以拓宽学生的知识视野，还可以促进他们综合素养的提升。

我相信，本书的出版将对音乐学科的教学改革产生积极的影响。它不仅能够为音乐教师们提供新的教学思路和策略，帮助他们更好地应对教学中的挑战，也能够为音乐学科的项目化学习研究注入新的活力，推动相关领域的理论与实践不断创新和发展。

2025 年 3 月

前言　与项目化学习的结缘之旅

在教育生涯的实践中，总有一些璀璨如星的时刻，照亮前行的方向。与项目化学习的邂逅，正是其中最为闪耀的光芒。

2014 年，笔者在一个上海市级课题的研究中，开发了名为"媒体影像制作"的校本课程，让学生通过亲身实践，学习媒体拍摄与制作。第一个创作的主题由学生自主提出，他们想采用拍摄宣传片的形式表达对班级的热爱。于是，他们将在"媒体影像制作"中学到的创作理念与方法带回班级，自发组建了一个个充满活力的创作团队。作品完成后，在学校组织了一场"成果发布会"，精彩的艺术表达让每个班级都焕发出独特而耀眼的光彩。这次展示仅仅是一个开端。此后，越来越多的学生报名参加媒体影像制作课程。他们用艺术的视角捕捉校园活动中各个精彩的瞬间，如"环保服装秀""班班有歌声""体育运动会""十四岁的生日""毕业季 —— 献给母校"等，制作成媒体作品分享给更多的人。这些作品不仅赢得了师生的一致好评，而且成为了校园文化中一道亮丽的风景。

看着这些充满活力的作品，感受着学生们的澎湃热情，笔者开始思考：为何学生会如此喜爱这种学习方式，在学习过程中为何能迸发出如此强烈的创作激情？

当孩子们融入生活，通过亲身体验和细致观察，他们会关注到那些曾经被忽视的美好细节。这种从生活中汲取灵感的过程，不仅丰富了他们的感知，也点燃了他们内心对艺术表达和创新的渴望。中华大地孕育着广博且深厚的民族文化，如果孩子们浸润在这样的文化海洋中，将会带来怎样的惊喜呢？于是，笔者鼓励学生们走出校园，拓展视野，利用丰富的社会资源，发现、探寻中华优秀传统文化独特的审美意蕴，并用创造性方式表达：

中华大地孕育了中华优秀传统文化，音乐、绘画、戏剧、舞蹈、文学、服饰、饮食等，无不蕴含着中华民族对美的独特认识、理解和表达。请你化身为"文化小使者"，创作视觉作品向世界展示中华传统文化独特的风格和魅力，让更多的人爱上我们的文化。

起初，笔者担忧这样的主题会消减学生们的创作热情，然而事实却截然相反。他们勇敢地迈出校园，走入社会。有的结伴走进"江南丝竹博物馆""秦腔博物馆"，采访馆长和游客，记录人们对民间艺术的认识与热爱；有的在父母陪伴下赶赴苏州，亲身体验皮影戏制作，用视频展现其幽默风趣的表演特点；还有的走进靖江汤包馆，化身大厨，感受中华美食制作的精致和细腻。

多媒体创作小组创作的作品

让笔者印象尤为深刻的是主题为"我与茂腔邂逅"的作品。视频以访谈的形式展现了山东地方戏曲——茂腔的艺术特点。在成果展示会上,创作该作品的学生分享了他的拍摄经历,包括为深入了解茂腔这一传统戏曲艺术,在辗转联系茂腔演员的过程中付出的诸多努力;采访稿的设计已费尽心思,不但构思主题,还要思考从哪些角度挖掘茂腔背后的故事、传承的现状以及演员们的艺术人生,斟酌每一个提问的措辞,力求既专业又通俗易懂,并且使整个采访过程自然流畅。学生们这般全情投入,着实令人感动。从他们的努力中,笔者深刻地认识到,这种学习方式不但能拓宽学生的视野,激发学习的兴趣和促进艺术表现、创作能力的发展,还能够提升综合探索的能力,如问题解决能力、团队协作能力、与人沟通能力、设计和规划的能力等。

2016 年起,笔者将这种教学方式引入音乐课堂,边实践边对项目化学习的相关理论展开了深入研究,并精心设计了第一个项目化学习主题,名为"曲韵流芳:昆曲之美的发现之旅"。探究的核心问题是"中国昆曲艺术具有怎样独特的审美特征?",鼓励学生通过亲身体验的方式主动学习昆曲,探寻昆曲的艺术价值,进而抓住昆曲的审美特点,将昆曲的魅力尽情展现出来。

探究的过程中,学生们组成项目小组,带着任务和好奇心,踏上了昆曲艺术之美的探索旅程。有的小组走进江南古典园林,探寻园林与昆曲之间的文化内涵和审美意蕴,感受着昆曲与自然景观的和谐共鸣。有的小组则来到上海昆曲团,拜访鼓师和琴师,学习打板的技巧,体验昆曲音乐的节奏与韵律。还有的小组找到了资深"票友",通过与他们的深入交流,了解昆曲吸引他们的原因,以及昆曲在他们生活中的意义。

通过多年的实践、评价与反思,笔者深刻认识到项目化学习呈现出一种教与学的新样态:

首先,促使学生的认知结构化。任务驱动下项目化学习改变传统艺术教学的方式,以问题探究方式聚焦"学科本质问题",围绕核心知识整合单元作品,从原先"教一首首的作品"转变成"通过学习一首首作品来解决一个个问题",不断提升学生的问题解决能力。因此,当学生独立地面对新情境下的开放性任务时,能够理解并灵活运用重要的知识和技能,创造性地解决问题、完成任务,实现知识体系的建构,形成认知的结构化。

其次,促使学生学习态度的改变。与真实生活情境相连的项目化学习方式能够让学生看到学习与真实世界的关联。学生在探究艺术与生活联系的过程中，不再觉得学习是孤立、枯燥的，而是能切实感受到所学知识对改善生活、推动社会文化发展的重要作用。这打破了学生原有的认知局限，以更开放、积极的态度面对学习。以经典的艺术作品学习为例，他们不再将经典艺术作品视为遥不可及的事物，而是认识到其承载的民族审美意蕴，领悟艺术在塑造生活美学、传承文化等方面的独特价值。

再次，促使学生学习方式的改变。在项目化学习中，学生要独立面对问题和完成任务，因此他们要主动承担各种角色，如：项目规划者，精心构思项目实施的方法与路径；任务分配者，依据团队成员的特长合理安排工作；艺术指导者，为其他成员提供艺术理念与技巧方面的建议；活动的组织者，确保各项筹备工作有条不紊地推进；艺术创作者，展现自己的艺术才华。这些真实且丰富的学习情境的创设，促使学生从被动接受知识的学习模式，转变为积极主动探索知识的模式，从习惯于独自学习的个体，逐渐成长为富有团队协作精神的成员，实现了学习方式全面且深刻的转变。

最后，促使教师角色的改变。项目化学习中，面对拥有发言权、选择权，开展问题探究的学生，教师的角色发生了较大的改变。教师既要给予学生自主探究、学习与试错的空间，充分发挥其主观能动性，又要在关键时期给予指引与支持，助力学生在实践中完成知识的建构和素养的提升。因此，在项目化学习的不同时间节点，教师扮演着不同角色。当学生茫然无措时，教师要充当引导者；当学生缺少资源时，教师就是资源提供者和开发者；当项目进度拖沓时，教师则需化身为监督者，督促和指导学生合理安排时间；当学生面对学科知识的难点时，教师要充当学科专家，为学生答疑解惑。这些职责共同构成了教师在项目化学习中的工作内容，对于保障学习效果有着至关重要的作用。

2022年推出的《义务教育艺术课程标准》（后简称"新课标"），对艺术课程在民族文化传承、跨学科内容整合、学生综合素养提升以及创新能力的培养上被赋予了新的要求。有幸的是，2022年初笔者担任由上海音乐出版社出版的义务教育教科书（五·四学制）·艺术·音乐（后简称"新教材"）教材编委及分册主编，借此契机，对新课标与新教材展开了深入钻研。基于对课程标准的深刻解读，笔者对音乐学科项目化学习进行了进阶性思考与创新性实践，陆续开展了《诗意江南，韵满校园》《唱响红色经典》《我是"小小"非遗传习人》《创本土曲艺，传颂英雄故事》等项目化学习主题活动。通过实践研究，笔者不断优化项目化学习的框架结构，借助信息技术创建更为真实生动的学习情境，探索高效的学习支架和组织策略，并从中华优秀传统文化中选取具有经典性与艺术性的素材去开发项目主题。这些举措在拓宽学生视野、提升学生艺术表现与创作能力方面成效显著，尤其是在提升学生综合探索与学习迁移能力上，如问题解决能力、团队协作能力、沟通能力以及设计规划能力等方面效果突出。

在"双新"教育改革的浪潮中，中学音乐学科项目化学习迎来创新发展契机，众多教育工作者积极探索教与学新样态的构建路径。此书于此背景下应运而生。

笔者在音乐学科项目化学习领域深耕十余年，凭借深厚的专业积累与实践经验，对项目化学习形成了独到且深刻的见解，并将这些宝贵成果融入本书。全书分为两部分：上篇聚焦当下教师在设计与实施项目化学习过程中亟待破解的关键问题，从项目主题的精妙构思、问题的精准提炼、成果的匠心设计，到学习实践的科学规划，再到学习支架与教学策略的有效应用，对每一个关键环节都进行了深度剖析。同时，书中还精心呈现了音乐学科项目化学习案例，生动阐述教学策略在实践中的应用方式以及达成的显著教学效果，让教师能够直观领略到这些策略的可行性与实效性。下篇则呈现了四个基于2024年9月起在上海市中学全面推行使用的新教材所设计的项目化学习主题方案。作为该教材编委，笔者对教材内容理解较为透彻。因此，这些基于教材内容设计的项目化学习方案，对正在使用该教材的教师而言具有双重价值。一方面，方案提供了具体详实的操作案例与具有参考价值的模板，助力教师迅速将项目化学习理念融入日常教学；另一方面，当教师在独立设计和实施项目化学习时，这些方案能为教师结合自身教学风格与学生实际情况，打造更具特色与实效的项目化学习方案提供启发。

在本书付梓之际，满怀感恩之心，向所有给予支持和帮助的师长、伙伴致以最诚挚的谢意。特别感谢上海市音乐特级教师张展英老师，以及音乐正高级教师、特级教师史炯华、谢燕慧老师。在专著撰写的每个阶段，他们都提供了宝贵的指导和智慧，其专业知识和无私建议对本书的完善至关重要。

感谢本书的责任编辑章文怡老师，她以专业的精神和不懈的努力，确保了本书从手稿到成书的每一个环节都能顺利进行。她的细致工作和对出版质量的严格把控，使得本书以令人满意的形态呈现在读者面前。

期待本书能为有志于开展音乐学科项目化学习实践的同行们提供灵感与帮助。坚信通过共同努力和不懈探索，项目化学习必将在音乐教育领域绽放更绚烂的光彩，为培养具有创新能力和终身学习能力的学生贡献更大的力量！

目　录

上　篇
实践与探索

引言　解析项目化学习的典型特征和实施步骤

项目化学习可以追溯到一个世纪前。教育家约翰·杜威（1859—1952）提出了体验式学习和实践学习的概念，教师们通过组织学生进行实地考察、实验室研究和跨学科活动，扩展学生课堂学习的内容。在美国，"做项目"已经成为教育的传统，项目化学习正是根植于这种传统之中。1918年，杜威的学生、美国教育家威廉·H.克伯屈（William H. Kilpatrick）发表了《项目教学法：教育过程中有目的活动的应用》，提出了"项目教学法"，强调学生通过完成实际项目获得知识和技能。许多人认为这是项目化学习的雏形。

随着学习理论的革新，尤其是神经科学和心理学的深入研究，扩展了我们对学习和行为模式的理解。同时，随着信息时代的来临，人们获取知识的途径和方式也发生了巨大的变化。随着项目化学习理论自身的不断发展和成熟，项目化学习日益流行起来。

一、项目化学习的典型特征

在世界范围内，许多学校以及各类机构都在积极地开展项目化学习的实践与研究。在此过程中，具有一定代表性和权威性的机构或团队也相应地提出了关于项目化学习的定义。

成立于1987年的美国巴克教育研究院是项目化学习研究和推广的先驱，也是该领域中具有权威和影响力的机构。它提出的项目化学习的定义是：使学生能够通过一段时间的调查研究来回应真实、有趣且复杂的问题、难题或挑战，并公开展示他们的项目成果，从而获取知识和技能的一种教学方法[1]。

夏雪梅博士的研究团队，他们提出的项目化学习的界定是：学生在一段时间内对与学科或跨学科有关的驱动性问题进行深入持续的探索，在调动所有知识、能力、品质等创造性地解决新问题、形成公开成果中，形成对核心知识和学习经历的深刻理解，能够在新情境中进行迁移[2]。

除了美国巴克教育研究院以及夏雪梅博士团队外，国内外还有许多优秀的研究者或团队都在尝试对项目化学习进行定义。虽然目前项目化学习还没有一个公认的定义，但是对于项目化学习的典型特

---

[1] 美国巴克教育研究院项目式学习计划，潘春雷、陆颖译，《项目式学习指导手册：每个教师都能做PBL：中学版》，中国人民大学出版社，2023年。
[2] 夏雪梅著，《项目化学习设计：学习素养视角下的国际与本土实践》，教育科学出版社，2018年。

征基本达成了共识:

第一,以问题式学习为核心。项目化学习本质上是一种问题式学习,它突破了传统教学中教师单向传授知识,学生被动接受的模式,转而以问题为中心组织学习活动。这种方法强调学生的自主性和探究性,鼓励他们主动探索知识和寻求解决方案,激发其好奇心和求知欲。因此,在项目化学习中,学生的角色从知识的接收者转变为问题的解决者和知识的创造者,"设计一个高质量且具有挑战性的问题"是成功开展项目化学习的关键。

第二,给予学生发言权和选择权。在项目化学习中,学生要以合作的方式解决问题,并以作品展示的方式交流分享研究的成果。重要的是,在任务的每一个阶段,如任务规划、分配、实施、修改以及最后的展示环节,教师不再是决策者,更多承担了建议者、资源提供者的角色,学生则拥有发言权和选择权。

第三,强调知识和技能的获取。项目化学习强调以获取重要知识和技能为核心目标。在项目化学习中,学生寻找解决问题的诸多方案的过程,就是学习特定知识、掌握解决问题能力的过程。这个特定的知识不是事实性知识或者技能性知识点,而是关键的学科概念、学科能力。

第四,以任务驱动挑选和整合学习内容。在项目化学习中,核心任务皆是从驱动性问题中派生而来的,并且这些任务与核心知识以及重要技能有着紧密的关联性。项目化学习采用任务驱动的方式对学习内容加以整合,使每一个学习实践活动都紧密围绕着核心知识展开。同时借助任务这一形式,学生能够在全新的情境之下进行知识的建构,从而构建起认知的结构化体系。

第五,以问题的创造性解决为目标。高质量项目化学习的问题应具有挑战性。挑战性问题的解决往往伴随着高阶思维策略的运用,如创见、决策、调研等,问题创造性的解决恰好为培育学生的创造性思维、批判性思维等高阶思维能力提供了沃土。

第六,项目成果的公开展示。艺术课程项目化学习的成果可以是创作的作品,可以是一次艺术的展示,可以是对一个问题的认识,也可以是一个设计方案。无论是哪一种形式,都需要有一次公开的展示。学生通过展示能够获得各种反馈和评价,进一步完善自己的成果,还能增强自信心和成就感,激发更大的学习动力和创造力。公开展示也有助于促进学生之间的相互学习和合作,在观看他人成果展示的过程中,可以借鉴他人的优点和创意,拓宽自己的视野和思维方式,提升自己的艺术素养和综合能力。

不同团队对于项目化学习设计与实施各有侧重。例如:有的团队侧重于教学方法和过程,即如何通过项目学习来获取知识和技能;有的侧重于学习成果,即学生如何通过项目化学习形成深刻的理解和能力迁移;有的强调问题、难题或挑战的"真实性";有的则不强求问题的真实性,更加偏重于"真实的思维过程",要求学生能够代入到问题情境中角色的真实身份去发现问题、思考问题和解决问题。

二、项目化学习的实施步骤

各个研究所以及研究团队在项目化学习实施步骤上略有差异。如巴克教育研究院把项目化学习的实施步骤分为五个，分别是寻找项目选题、设计驱动问题、规划项目评价、规划项目过程以及管理项目过程。又如，夏雪梅博士团队提出了六个步骤[①]，分别是寻找核心知识、形成本质问题并转化为驱动性问题、澄清项目的高阶认知策略、确认主要的学习实践、明确学习成果及公开方式以及设计覆盖全过程的评价。

巴克教育研究院从"寻找项目选题"开始，与他们团队强调师生从真实情境中发现问题，并在问题研究过程中掌握知识和技能的理解一致。夏雪梅博士团队则从"寻找核心知识"开始，因为他们更注重"素养的视角下开展项目化学习"。

笔者借鉴了权威、专业团队研究成果，在音乐学科项目化学习多年的探索与实践中，提炼出音乐学科项目化学习设计与实施四个阶段和十四个步骤：

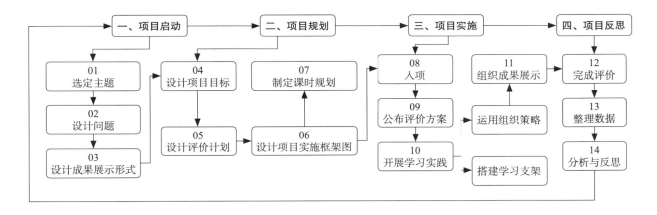

（一）项目启动

项目启动阶段一般包括以下几个环节：

1. 选定主题

首先，项目主题可以来自教材。目前的音乐学科教材每个单元大多是以"艺术性、文化性或者情境性的主题"为线索组织相关的音乐作品。例如，在上海中小学使用的义务教育五·四学制音乐教科书六年级第一学期的单元有"蔚蓝之海""茱萸重阳""一路繁花""歌之舞之"。单元主题以及作品内容不仅为学生提供了丰富的音乐体验，也为教师创设学习情境提供了便利和灵感。本书的下篇呈现了

---

① 夏雪梅著，《项目化学习设计：学习素养视角下的国际与本土实践》，教育科学出版社，2018 年。

四个项目化学习的设计方案，主题均源自这四个单元的内容。

其次，可以从日常生活中的问题和现象中汲取设计项目主题的灵感。通过细致的观察和深入的思考，可以挖掘出许多与音乐紧密相连的主题。例如，《为"何以大先生"课本剧配乐》和《创意"点亮"合唱》项目主题就是源于校园文化活动的实际需求，即时的价值反馈能够激发学生的参与热情和创作兴趣。再如，《我是"小小"非遗传习人》和《创演"上海说唱"》项目主题则反映了社会对于传承中华传统文化的迫切需求。

最后，可以从学科本质问题或者课程标准要求出发设计项目主题。例如，新课标中建议的"编创与展示"学习任务中，对于第三学段内容要求就有"为旋律创作歌词或为简短的歌词创作旋律"。教师可以从中提炼出学科核心知识"歌词与旋律之间的联系"，结合学习情境，设计出《艺海寻音：校园艺术节歌词创作行》项目主题。

另外，教师还可以从互联网、时事新闻或者重大事件中寻找项目主题。这往往能够紧跟时代脉搏，让学生关注到社会的最新动态和发展需求，激发他们的社会责任感和创新思维。

教师通过多方渠道收集大量信息之后，还要做细致深入的分析。不是所有学生感兴趣的主题都能够开展项目化学习，还需要对照课程标准，或者教师对本学科核心知识的认知，从这个主题中提炼出可探究、可体验、可实践的驱动性问题，再研读分学段的学业要求，确定在哪个学段开展学习。**预先规划和深思熟虑是确保项目化学习成功的关键**。

2. 设计问题

项目化学习一般包含三类问题：本质问题、驱动性问题和子问题。

本质问题是指直接来自学科核心知识，学生通过对这一问题的探究能够掌握的学科核心知识。学科核心知识通常是构建该学科体系的基石，是学科内其他知识衍生和发展的基础。它们具有高度的概括性和广泛的应用价值，能够贯穿学科的始终，对理解和解决该学科领域的重要问题起着关键作用。学科核心知识既可以从课程标准中获取，也可以源自教师对本学科知识的深入认知与理解。例如，本书下篇第三个案例《丝路传奇·艺术之旅》聚焦的学科核心知识是："音乐中的文化特征"，对应的本质问题是："如何理解音乐中的文化特征？"。

在生活中，教师和学生会发现许多有趣的问题。决定这些问题能否被设计成为项目化学习主题的关键，在于是否能从中提炼出适合该年龄段学生探究的本质问题。将较为抽象、深奥的本质问题转化为特定年龄段学生感兴趣的问题就是**驱动性问题**。例如，把《丝路传奇·艺术之旅》项目主题的本质问题转化成的驱动性问题就是："'一带一路'连接欧亚大陆，沿线地区、民族以及各个国家的民族民间音乐各具特色。为何这些地区、民族以及国家会形成如此这般的艺术特点呢？"

一般而言，驱动性问题比较大。为了便于操作，教师可以把它拆解成两至三个切入口较小的子问题，结合具体的素材，通过学习实践从不同角度开展问题探究。

本质问题、驱动性问题、子问题都紧紧围绕着核心知识。通过课堂学习以及课外自主探究，以"做中学"的方式帮助学生形成认知结构化。

3. 设计成果展示形式

项目成果是指学生在项目化学习过程中，通过知识建构以及完成一系列的任务，最终输出的结果。

《丝路传奇·艺术之旅》项目主题的成果是：选择感兴趣的"一带一路"沿线某一个国家、民族或者地区的一些具有代表性的音乐作品，从音乐文化角度赏析作品，能够用语言介绍作品的艺术特色以及分析其特色形成的原因，用艺术表演方式展现该民族民间音乐的独特魅力。

项目成果的设计需要兼顾多方面的因素：首先，必须与项目化学习的目标紧密相连，确保学生能够通过完成一系列的子任务实现预定的学习目标。其次，完成这个成果的难度要与学生当前的能力水平相匹配。既不能过于简单，以至于无法促进学生素养提升，也不能过于困难，让学生感到沮丧和失去信心。此外，成果的内容和展出的形式要具有时代感和创新性，能够激发起学生持续的探究热情。最后，学生能够运用不同层次的认知策略，尤其是能够运用"高阶认知策略"，如创见、问题的解决、决策等，在问题解决以及成果完成的过程中培养思维能力，如创新思维、批判性思维能力等。

（二）项目规划

项目的规划一般包含：设计项目目标、设计评价计划、设计项目实施框架图和制定课时规划。

1. 设计项目目标

教师可以从三个角度设定音乐学科项目化学习的目标。一是艺术素养目标，如审美感知、艺术表达、创意实践和文化理解素养；二是关键能力，如信息收集、整理和分析、解决问题和决策能力等；三是成功的技能，如沟通能力、合作能力、管理项目的能力等。

项目目标的设计应注重可行性，且不过分加重学生的负担，因此教师应根据项目特性和学生需求，合理规划学期或学年的教学目标。建议分阶段、有层次地设计目标，以实现学生能力的逐步提升和深化。

以新教材六年级第一学期的四个单元"成功技能"目标设计为例，教师进行了整体的目标规划：

项目主题	成功技能目标
《我（们）和大海的故事》	通过项目化规划书、任务分配表、团队协议书、项目进度表的填写，任务规划和项目推进，熟悉项目化学习的主要步骤，着重提升合作交流、责任担当等综合素养。
《"献给最爱的人"线上音乐会》	能够借助"项目里程碑"等学习支架，着重提升时间管理能力。
《丝路传奇·艺术之旅》	借助"苏格拉底式问题研讨法"这一学习工具，对核心问题进行解构和定义，并做合理规划，提升问题解构以及项目规划能力。
《乐舞声韵》	通过对评价数据的分析，认识到自身的优势和不足，提出进一步的改进建议，提升自我反思能力。

在第一单元中，学生刚进入初中，彼此之间较为陌生，首次尝试小组合作学习音乐，教师应将目标设定为提升学生的合作能力。第二单元，教师通过对前一个项目进行反思，发现学生在时间管理上

存在问题，于是据此设定目标，运用"学习日志"和"项目里程碑"等学习支架提升时间管理综合能力。在第三单元，要解决的核心问题是"如何理解音乐中的文化特征"。这个问题对于六年级学生而言颇具挑战性，因此目标设定为"借助'苏格拉底式问题研讨法'这一学习工具对核心问题进行解构和定义"，并进行合理规划，提升问题解构以及项目的规划能力。到了第四单元，学生已经经历了三次项目化学习，积累了诸如"合作与交流""中、高阶思维能力"等一些评价数据，教师可以通过"绘制自画像"的方式，引导学生自我反思，认识到自身在学习能力和学习态度方面的优缺点，进而提升反思能力。

2. 设计评价计划

项目评价与项目目标紧密相连，可以从每一个学习目标倒推来实现相应的评价，每一个评价都能帮助老师反思各个目标的达成情况。

以新教材六年级第一学期第四单元《乐舞声韵》主题为例：

	学习目标	指向素养目标	评价方式	评价表
1	加深对音乐在舞蹈艺术中的作用，促进对音乐与舞蹈艺术在表现形式和表现特征之间联系的认识与理解。	创意实践 文化理解	终结性评价：评价表（师评）	《辩论手册填写评价表》
2	初步掌握运用音乐与舞蹈表达情绪情感的方法，体会不同国家、地区、民族音乐与舞蹈独特的风格特征。	审美感知 艺术表现	过程性评价：课堂提问（师评）	《音乐课堂学习检查情况记录表》
3	通过沉浸式辩论会的形式，激发学生学习兴趣，提升学生语言表达、逻辑思维能力。	关键能力 （思维、表达）	终结性评价：教师评价	《辩论赛评分表》
4	分析以及绘制自画像，认识与反思自己在合作与交流能力上的强项和需要改进的地方。	成功的技能 （合作与交流的能力）	过程性评价：自评	《合作与交流能力反思表》

评价方法是多样的，不仅有过程性评价，教师可以持续了解并指导学生的学习过程，还融入了终结性评价，评估学生在单元学习结束后的成果和理解程度；**评价内容是精准的**，既有对艺术素养的评价，也有对思维能力以及合作能力的评价；**评价主体有多元性**，评价过程不仅包括教师的专业评价，也鼓励学生进行互评和自评，以培养他们的自我反思能力和自主学习能力。通过这种全面而细致的评价体系，确保音乐学习体验既丰富又深入，同时促进学生综合素养的全面提升。

3. 设计项目实施框架图

项目实施框架图是基于项目目标而绘制的教学蓝图，它对教学过程进行了系统化和结构化的设计。如果说"项目目标"以及"评价计划"的设计是回答了"做什么"和"做到什么程度"，那么项目实施框架图则是在回答"怎么做"。

项目实施框架图清晰地展示了问题探究、知识建构、项目成果之间的内在联系。在设计教学时，教师需要深入思考并回答一系列关键问题："如何将驱动性问题分解为若干子问题进行深入探讨？""哪些问题探究对于核心问题的解决至关重要？""学生需要运用哪些学科学习方法和认知策略才能高效取得成果？""哪些知识和技能适合在课堂上完成，哪些则更适合通过课后小组合作方式来实现？""学生自主学习时可能会遇到哪些困难，教师能够提供哪些指导和学习资源？"等。通过这样的深思熟虑和精心规划，才能确保教学活动的有效性和高效性。

4. 制定课时规划

课时规划也是关于"怎么做"。与项目实施框架图相比，课时规划则更加注重细节和实际操作。它不仅涉及到每一课时的具体内容，还包括教学重点、教学素材的选择以及教学目标的设定。这种具体的课时规划确保了教学活动的针对性和高效性，使得教师能够根据每一节课需要解决的问题灵活地调整教学策略。

（三）项目实施

项目实施包括六个环节。一般先是"入项"，接着公布评价方案，然后组织学习实践活动。有些环节可以融合在一起，如学习支架的搭建以及组织策略的运用都是融入学习实践活动中，最后组织成果展示。

1. 入项

入项是通过真实的或者模拟真实的情境，激起学生对该主题学习的浓厚兴趣或认知冲突，进而提出驱动性问题，随后组织学生进行分组。

教师公布驱动性问题、成果展示形式以及评价方案后，就组织学生分组。笔者把分组过程命名为"分组设角"，会根据项目主题和任务设计各种"工作岗位"。以《创演"上海说唱"》为例，设计了"组织能人""语言大师""音乐达人""舞台之星"和"历史学者"五个岗位。学生根据自己的优势、兴趣和发展需要进行选择，组成互补性合作小组，齐心协力完成任务，有效地实现责任担当素养的培育。

2. 公布评价方案

在启动项目化学习活动之前，教师向每位学生公布本次学习项目的评价标准。在详细解释评价细则后，教师可以引导学生思考以下关键问题：需要付出怎样的努力才能获得"优秀"？如何才能与同伴开展良好的协作？个人努力对团队的成绩会产生怎样的影响？团队获得成绩又将如何反映在个人评价上？

学生通过明确评价标准，能够对学习内容、目标和价值有更深刻的理解，有助于激发他们持续进行深入探究和学习的兴趣。

3. 开展学习实践

项目目标可以通过学习实践来完成。从学习内容来看，包括知识建构和完成成果；从学习方式来看，有个体学习和合作学习；从学习场所来看，有课堂学习和课外学习；从实践样态来看，可以分为探究性实践、审美性实践、社会性实践、技术性实践和调控性实践。每一种学习实践都具有其独特的价值和目标。

4. 搭建学习支架

学习支架是指在项目化学习中，教师可以根据学生的需要在适当时机予以帮助，在学生解决当下问题后就撤去帮助，把学习主动权逐步转移给学生。教师直面学生常见的困难，可将学习支架分为五种类型：情境体验型学习支架、策略引导型学习支架、资源辅助型学习支架、互动交流型学习支架和评价反馈型学习支架。

5. 运用组织策略

教师要采用科学的方法和行之有效的工具，以多样的组织策略对项目流程进行系统而有序的组织，使项目结构合理化，最终高效达到预期的学习目标。项目化学习的组织策略可分成进程管理策略、活动组织策略和团队管理策略。

6. 组织成果展示

项目实施的最终阶段和重要环节是举办项目化学习成果展。一，能够体现学习成效，是评判学生学习质量的重要依据；二，学生在准备过程中，进一步巩固和深化对知识的理解与运用；三，通过成果展示，如口头表达、团队协作、多媒体制作等综合能力以及责任感等重要品质，得到全面提升；四，当学生的努力和成果得到公开呈现与认可时，会产生强烈的成就感，从而激发他们更大的学习兴趣和动力；五，成果展示为学生提供了相互学习、交流和分享的平台，能拓宽视野，碰撞出思维的火花；六，教师和学生能够通过结果的评价，及时发现问题与不足，并给予针对性的反馈和建议，从而改进和完善学习方法与策略。

成果展示的形式要生动有趣，有新鲜感，还要能与真实世界相连，让学生看到学习与生活之间的联系。最重要的是可行性，既要符合该学段学生的认知规律，又要能够满足学生表达的需要。

教师可以关注校园文化活动、民俗节日、社区活动等，将成果展示与这些活动相结合，也可以利用网络平台和信息技术，拓宽成果分享渠道，为学生提供展示学习成果的平台，丰富学生的体验。

在本书的下篇提供了四个项目主题，展示了不同的成果展示形式，以下是这些案例中的成果展示形式的设计：

项目主题	成果展示形式	邀请相关人员
《我（们）和大海的音乐故事》	配乐故事会	在微信公众号上推送
《"献给最爱的人"线上音乐会》	线上音乐会	全年级师生与学生家长
《丝路传奇·艺术之旅》	"校园文化节"上的跨学科展示活动	全校学生
《乐舞声韵》	辩论会	由学校语文、艺术学科老师组成评审团

（四）项目反思

1. 完成评价

完成成果展示后，教师组织学生完成本次项目化学习的所有评价，包括过程性评价和终结性评价，同时公布评价结果。

2. 整理数据

教师以班级中的"个人"或者"小组"为单位，对照本次项目化学习的目标，并对达成情况进行数据整理与分析。

3. 分析与反思

教师可以利用"图表"对数据进行分析，能够更加准确地评估本次项目化学习实施的效果。

综上所述，教师可以从项目启动、项目规划、项目实施以及项目反思四个方面完成音乐学科项目化学习的设计与实施。尽管项目化学习的步骤与传统课堂教学设计有相似之处，然而在进行项目化学习的规划和设计时，教师需要紧扣项目化学习的特征，借由每一个步骤去达成项目化学习的目标。

创意探索一、怎样设计驱动性问题

项目化学习本质上是一种问题式学习，学生在问题的探究过程中掌握知识和技能，因此设计高质量的问题对于项目化学习的实施至关重要。

世界各国的项目化学习研究团队对于项目化学习所要探究的"问题"有不同表述。例如，美国巴克教育研究院把项目化学习中的问题称之为"驱动性问题"，并将它定义为"项目由一个待解决的、有意义的问题，或一个需要被回答的疑问构成，应该具有适当的挑战性"[①]。从中提炼了驱动性问题的五个关键特征：**趣味性、开放性、核心知识导向、挑战性和真实性**。该研究院指出，优秀的驱动性问题是容易理解且具有启发性的，能够激发学生对学习的好奇心。同时它还具有开放性，有不止一个可能的答案，要完成问题的探究，学生需要获得知识、理解和技能。

以巴克教育研究院分享的一个驱动性问题为例："人们为什么要进行艺术创作？"这个问题探讨了艺术的本质。它不是简单的是非问题，而是一个需要深入思考的复杂问题。不同的人进行艺术创作的原因各异，既有共性也存在差异。艺术创作能够表达的内容较为丰富，既包括与社会生活紧密相关的主题，也涉及与时代发展相连的议题，以及展现创作者个人的思想和情感。这类问题具有开放性，仅通过查阅资料无法直接找到答案。因此，解决这样的问题要求学生运用高阶认知策略，如整理、综合、分析和批判性评价等处理信息。问题的广度和深度能激发学生深入探究问题的兴趣，促使他们进行更深层次的思考和学习。

在夏雪梅博士研究团队的研究成果中出现了两类问题，一是"本质问题"，二是"驱动性问题"。对于本质问题的描述，团队提出了"本质问题是直接指向核心知识中的概念或能力，可以是抽象的"[②]，强调本质问题是基于核心知识的问题，往往比较抽象、深奥，所以要把本质问题转化为学生容易理解且便于探究的驱动性问题。

构建一个高质量的"项目化学习"需要解决以下三个关键问题：如何寻找学科本质问题？如何转化驱动性问题？如何分解成子问题？

本章节将聚焦音乐学科项目化学习的实践，阐述对这三个关键问题的认识、理解和运用。

---

① 美国巴克教育研究院项目式学习计划，潘春雷、陆颖译，《项目式学习指导手册：每个教师都能做 PBL：中学版》，中国人民大学出版社，2023 年。
② 夏雪梅著：《项目化学习设计：学习素养视角下的国际与本土实践》，教育科学出版社，2018 年。

一、寻找学科本质问题

（一）源于生活中的问题

源于真实生活中的问题贴近学生的认知，能够激发学生探究的兴趣。这类问题的解决能够给予学生即时反馈，让他们清晰地看到自己的努力所带来的实际成果，从而增强学习的自信心和成就感。

例如，我校八年级学生参与了学校组织的"行读华夏"综合实践活动，参观了陈化成纪念馆和吴淞炮台纪念广场。在实地考察过程中，学生们深入了解历史真相，对那些为保卫上海和人民而战的民族英雄产生了深深的敬意。然而，在学生随机采访路人，当询问他们对这段历史的看法时，发现随着时间的流逝，许多人淡忘了这段历史。这一发现引发了学生们的思考："我们应该如何让人们记住那些保卫上海、保卫人民的英雄故事，让民族精神得以传承？"正是基于学生们在现实生活中发现的问题，笔者设计了《创演"上海说唱"》[①]项目化主题，基于课程标准确定学科本质问题："如何精准地理解上海说唱的独特韵味和表演特征？"

像上例中源于真实生活的学科本质问题的探究，不仅能够激发学生学习民族曲艺的兴趣，提升艺术表达和创新能力，还可以增加学生对国家对民族的责任担当意识。

（二）教材中发现的问题

可以从教材中提炼学科本质问题。以 2024 年在上海推出的由上海音乐出版社出版的义务教育教科书（五·四学制）·艺术·音乐为例，它以循序渐进、螺旋式上升的方式将学科核心知识和重要技能嵌入在音乐作品的赏析、表达与创作中。因此教师可以通过分析教材中作品之间的关联，结合该学段学情，提炼学科核心知识，设计学科本质问题。

对于教师而言，这是一种易于操作且高效的方法。因为教材上的作品不仅具有深厚的艺术价值，而且紧密贴合学生的实际需求。另外，教材配备的教学参考资料、音像资料也能减轻教师在素材选择、资料准确上的压力，更有效地开展教学活动。

以六年级上册第二单元"茱萸重阳"为例，对教材中的作品进行深入剖析，找到它们之间的关联，从中提炼出学科核心知识："用有组织、有意义的音乐语言表达思想、抒发情感"。基于核心知识的本质问题为："如何用有组织、有意义的音乐语言表达思想、抒发情感？"。

---

① 该案例于 2024 年 9 月发表于《上海课程教学研究》。

（三）任务中遇到的问题

一般而言是先有问题，再设计项目成果展示方式。但在实际操作中，会遇到先有任务的情况。例如，音乐教师会接到诸多类似任务，如市区合唱比赛、歌唱展演、校园文化活动或学校艺术节系列活动等。教师可以从任务倒推，提炼核心知识，设计学科本质问题。

《为"何以大先生"课本剧配乐》项目主题的问题就是来自真实的任务。学校戏剧社正在排练一个名为《何以大先生》课本剧，与此同时教师接到学校领导布置的任务：为课本剧配乐。教师从这个任务倒推，在新课标中找到该学段学生需要掌握的核心知识："音乐与戏剧艺术之间的联系，音乐在戏剧艺术中的作用"，再把核心知识转化为学科本质问题："如何找到音乐与戏剧艺术之间的联系，理解音乐在其中的作用？"

从这些丰富多样的任务中提炼问题，开展项目化学习，能够将教学与校园文化活动、教学与德育进行深度融合。这不仅可以丰富项目化学习形式和内容，还能实现协同育人效果，促进学生全面发展。

当然，并非所有的问题都能够成为项目化学习探究的本质问题，判断的关键在于通过该问题的探究能否有助于学生掌握学科核心知识和技能，进而实现素养的提升。

二、转化驱动性问题

驱动性问题源于学科本质问题，不同点在于它更加具体，是学生可探究、可体验、可实践的问题。

（一）驱动性问题的特点

一个高质量的驱动性问题具有以下四个特点。

1. 趣味性

在实践中可以发现，学术性较强的问题常常会让学生，尤其是较为低龄的学生望而却步。因此，在设计驱动性问题时融入有趣的情境，要激发学生的好奇心和学习的兴趣，促使他们完成持续探索。

例如，《"献给最爱的人"线上音乐会》[①]项目主题的驱动性问题是"如何与亲人合作，合唱一首抒情歌曲，让歌声'声入人心'？"。与这个问题关联的任务是"在重阳佳节即将到来之际，学生与家中长辈合作演唱歌曲，完成音乐会的演唱"。在这一项目中，学生不仅能够与亲人长辈携手并肩，共同完成问题的探究，并实现平等沟通与交流，而且还能借助网络直播这一新颖的方式，将合作成

---

① 该驱动性问题选自本书下篇的项目主题二《"献给最爱的人"线上音乐会》。

果与全年级师生以及家长们一同分享。毫无疑问，这样的驱动性问题对于学生而言具有较强的吸引力。

2. 开放性

驱动性问题具有开放性的特点。它不是用"是"或者"不是"可以回答的问题，而且这些问题大多没有原型案例可以参考。优质的驱动性问题往往能为学生提供广阔的探索空间，让他们能够寻找问题的多种解决方案，从而激发他们的创造力和批判性思维。

以《创演"上海说唱"》为例，教师最初设计的驱动性问题是"如何用'上海说唱'这种本土曲艺形式讲述英雄陈化成的故事？"经过反思和迭代后，驱动性问题被修改为"如何用上海说唱这一本土曲艺形式来讲述上海英雄的故事？"这一改变带来了显著的影响。首先学生获得了选择的自由，激发了他们学习的热情。他们主动收集资料，组织社会实践活动，通过采访和摄影等方式深入挖掘发生在上海这座城市中的英雄故事，为创作积累了丰富的素材。其次，在最后的展示环节，由于表演内容的扩展，表演风格和音乐选择也呈现出多样化的趋势。此外，从"歌唱一个英雄"到"歌颂保卫一座城市的英雄们"的转变，不仅丰富了学生的情感体验，也加深了他们对城市历史文化的理解。

3. 挑战性

"挑战性"是高质量驱动性问题的重要特点，高质量的驱动性问题能够引发学生的高阶思考。马扎诺的维度框架将高阶学习看作有意义地运用知识的过程。它描述了六种高阶认知策略：问题解决、创见、决策、实验、调研、系统分析，以及其他低阶认知策略，包括信息收集、组织、存储、巩固、比较、分类、抽象、推理、提供支持和分析。高阶认知策略的运用对于学生的创新能力、解决问题能力的培养至关重要。

例如，教师接到一项真实任务：指导并组织学生参加区合唱比赛。此任务聚焦于学科核心知识"音乐表现要素、创作技法、作曲家背景等与音乐体裁、形式、风格的关系"。基于核心知识，确定项目主题为《创意"点亮"合唱》，进而转化为驱动性问题"如何对合唱比赛曲目进行创意性的艺术处理与表达，让创意'点亮'合唱？"。

在项目推进过程中，学生不仅要运用信息收集、分类、分析等中低阶策略，还要运用"创见"这一高阶认知策略完成"对歌曲形成独特见解和创意表达，在演唱时进行个性化处理与表达"，最终实现创意实践素养的提升。

在设计具有挑战性的驱动性问题时，也要依据学情以及课程标准对于该学段的要求，准确评估高阶认知策略的类型和深浅，难度过高或过低都会影响项目目标的达成。

4. 可行性

可行性是指教师在设计驱动问题时既要考虑学生是否能够在某一时间段内完成，也要考虑可用的资源和学生的技能水平。

例如，对比《我是"小小"非遗传习人》项目主题备选的两个驱动性问题：

"如果你是"中华非遗传习人"，你将用怎样的方法推广非遗艺术呢？"

"如何将中华非遗艺术与现代元素相结合，创作出既尊重传统又具有创新性的表演艺术作品，使其焕发新的生命力？"

教师对比分析完成问题探究，以及输出成果所需的认知策略、学习资源和预计所需时间。第一个问题预计需要五周时间，主要涉及中低阶认知策略，如"信息收集、整理、分析"和高阶认知策略"问题解决"。第二个问题则更为复杂，不仅需要大量非遗艺术专家资源，还需要学生学习非遗技能，并通过高阶认知策略，如"问题解决"和"创见"进行艺术创新，预计需要十五到十六周的时间。

深入了解"趣味性""开放性""挑战性""可行性"四个特点，有助于教师设计高质量的驱动性问题。

（二）驱动性问题组成

1. 关联具体场景或任务

将驱动性问题关联到具体场景和具体任务，易于学生理解和操作。例如，《我（们）和大海的故事》① 项目主题的驱动性问题"如何为'我（们）和大海的故事'选配一首合适的音乐"，阐述了需要完成的任务：结合自己经历撰写"我（们）和大海的故事"，并完成配乐。

2. 关联学习的目标

驱动性问题可以指出学习的目标，让学生感受学习的价值，提升责任感，使项目更具参与度。例如，《"献给最爱的人"线上音乐会》项目主题的驱动性问题是："如何与亲人合作，合唱一首抒情歌曲，让歌声'声入人心'"。这个问题不仅有任务，还有学习目标。

3. 关联输出的成果

驱动性问题可以关联输出的成果，有助于学生对问题进行合理解构，并规划项目的实施。根据输出成果的类型，音乐学科的驱动性问题可以分成四个类型：**产品型、展示型、探究型和设计型**。

① 产品型驱动性问题关联的任务是学生的艺术创作。如：《创演"上海说唱"》项目主题的驱动性问题"如何用上海说唱这一本土曲艺形式来讲述上海的英雄故事"，就包含了产品型任务：创作一个曲艺作品。

② 展示型驱动性问题关联的任务是学生能够用语言、音乐、绘画或者舞蹈等形式进行艺术展示。如：《探寻红色音乐的情感密码》项目主题的驱动性问题"如何能够声情并茂地演绎一首红色歌曲"，就包含了展示型任务："红色歌曲的演绎"。

③ 探究型驱动性问题关联的任务是对问题的思考、判断或者辨析。如：《乐舞声韵》项目主题的驱

---

① 该驱动性问题选自本书下篇的项目主题一《我（们）和大海的故事》。

动性问题"音乐与舞蹈都是擅长表达人们内心的情感的艺术形式。在表达情感时，音乐与舞蹈哪个更能引发人们的共鸣？"，就是针对这个有争议性的问题进行探讨。

④ 设计型驱动性问题关联的任务是方案的设计，常以书面或方案发布会的形式介绍和解释设计方案。如，《创意"点亮"合唱》项目主题的驱动性问题"如何为合唱比赛曲目进行创意性的艺术处理和表达，让我们的创意'点亮'合唱"，就是方案设计任务。

三、分解成若干子问题

驱动性问题从学科本质问题中转化而来。一般而言，这样的问题会比较宽泛，涵盖的知识领域较广，涉及的概念和原理也较为深刻。它可能横跨多个学科分支，融合不同的知识体系，需要学生调动综合思维能力应对。因此可以将驱动性问题分解为若干个子问题，每个子问题都可以在课堂教学和课后学习中逐一解决。通过这种方式，学生可以逐步构建对驱动性问题的认识和理解，最终实现对整个问题的全面性掌握。

在问题分解时，首先从驱动性问题开始，以发散性思维方式尽可能地设想与该问题有逻辑关系的"子问题"。以驱动性问题"如何为"我（们）和大海的故事"选配一首合适的音乐"为例，罗列出与之有密切逻辑关系的子问题：

① 如何将自然景物联想与音乐引发的想象联系起来？

② 我和大海之间有怎样的联系？

③ 如何把这种联系用故事的方式进行讲述？

④ 音乐与故事之间会产生怎样的联系？

⑤ 怎样准确分析音乐描绘的景象和表达的情绪与情感之间的关系？

⑥ 要完成生动的故事讲述，需要注意哪些关键要素？

⑦ 为故事配乐时，需要注意哪些关键要素？

本次项目最后展示的成果为"用配乐故事的方式与同学们分享'我（们）和大海的故事'"。

把问题解决与要完成的任务对接，从中提炼出必需的、不可或缺的、有资源保障，并且能够在计划时间内完成的"子问题"，结合学习资源，将"子问题"具象化。

子问题与子任务之间的逻辑关系

序　号	子问题	核心知识与技能	相关子任务	学习资源
1	歌曲中出现的"大海"具有怎样的象征意义？	能够认识并理解自然界的大海与生活、情感之间的关系。	结合自己的经历进行故事创作。	教材中的作品素材：《西沙，我可爱的家乡》《军港之夜》《请到天涯海角来》《海上的黎明到中午》
2	器乐作品中描绘了怎样的"大海"形象，有怎样的象征意义？			
3	作曲家、表演者运用了哪些音乐语言，准确地描绘大海的景象，抒发我们对大海的情感？	速度、力度、音色、和声、调式、旋律起伏等音乐表现要素，对于音乐景象描绘、音乐情绪情感表达的作用。	选配适合的伴奏音乐。	
4	不同的艺术形式是如何与音乐相结合的？	综合运用歌唱、演奏、朗诵、舞蹈、绘画等方式表现大海。	将语言与音乐结合起来，完成综合性表达。	教材中的作品素材：《漂泊的荷兰人》《c 小调练习曲"大海"》课外资源：印象派绘画作品、歌剧艺术中的戏剧表演

　　将驱动性问题分解成若干个"子问题"后，能够为整个项目的设计与实施带来三点优势。

　　第一，使项目目标的设计更为准确，更具针对性和可操作性，能够更好地引导学生的学习方向。

　　第二，与目标对应的评价内容和评价方式更加明晰和具体，更精准地衡量学生的学习成果和进步情况，从而为教学提供有价值的反馈和指导。

　　第三，帮助教师从驱动性问题设计着手，全面考虑整个项目的实施。通过对"子问题"的分解，进一步强化驱动性问题与项目成果之间的逻辑关系，实现"做中学""学以致用"的教学理念。

　　传统教学往往侧重于教会学生如何完成某一特定的具体成果，而项目化学习则更注重引导学生通过一系列作品的学习过程，掌握解决问题、完成成果的方法与途径，进而助力他们顺利完成项目任务。这种方式不仅单纯让学生产出成果，更是让学生在实践中学会自主探索、灵活运用知识，培养其独立思考与解决实际问题的能力，使他们在面对未来各种复杂情境时，都能凭借在项目化学习中积累的经验与方法，从容应对挑战。

创意探索二、如何创设真实的学习情境

项目化学习是从教育家约翰·杜威（John Dewey）的实用主义哲学教育思想演变而来的。实用主义强调经验的重要性，认为经验是我们认识世界和获取知识的基础。**人们通过与周围环境的互动和实践所积累的经验，是形成观念和判断的关键**。所以杜威倡导**以学生活动和经验为中心的教育方式，主张让学生在真实情境中学习**。这种理念为项目化学习筑牢了理论根基。

二十世纪许多发达国家的学校，像美国"高科技高中"（High Tech High School）、英国"School 21"等都开始了在真实世界中做"项目式"的学习实践，并发现学生们在实践中学习、发展必要的技能，正是为未来的成功打下坚实的基础。这种教育上的变化与当前世界的急速变化相对应，与对具有综合素养人才的需求紧密相连。

"真实性"成为了项目化学习的重要特征。所谓真实性是指项目或涉及真实世界的场景、任务、工具、评价标准，或能够对真实世界产生影响，又或者与学生的兴趣、关注点和他们生活中的话题息息相关。

清晰认识项目化学习强调"真实性"的原因，全面理解项目化学习"真实性"的内涵，以及如何让学生在音乐学科项目化学习中体验"真实性"，是有效开展项目化学习必要且需要着重考量的三个问题。

一、追求"真实性"的原因

项目化学习之所以强调"真实"，是因为它能够更好地激发学生持久探究的兴趣，激发学生的创作愿望，帮助学生明确学习的价值和意义。

（一）激发探究的兴趣

当学生面对发生在真实生活中的问题时，没有教师铺排好的学习路径，可能会出现许多预料不到的问题和困难。这类问题的解决过程对学生来说是新鲜而有趣的，具有开放性和挑战性，能够激发学生的学习内驱力，促进他们开展持久的探究实践。

例如，《创演"上海说唱"》项目主题探究问题是"如何用上海说唱这一本土曲艺形式来讲述上海的英雄故事？"。要完成这个问题的探究，学生需要通过社会实践，收集大量的创作素材，同时还要以合作的方式解决一系列子问题。如，可以通过哪些渠道收集到足够多的素材？实地探访哪个红色教育基地？如何统一全体组员的想法？如何组织这次社会实践？设计哪些问题来辅助同学们完成素材收集？收集素材后如何进行整理与分析？每一个问题都没有统一和标准的答案。学生的每一个选择都可能呈现出不同的结果，有些问题需要运用多种方法，结合多种资源才能顺利解决。

为了有效应对生活中的不确定性和多样性，在解决问题的过程中，学生不仅需要进行细致的分析以做出明智的决策，还需要充分发挥自身的创造力和想象力，持续不断地进行实践与探索。如此一来，整个学习过程就如同具有强大磁力的吸铁石一般，深深吸引着学生，促使他们坚持不懈地完成探究。

（二）激发创作的愿望

真实的学习情境可以更好地激发学生的真实情感，从而激发其创作的愿望。仍以《创演"上海说唱"》项目主题为例，在项目驱动下，学生组团走访了许多红色教育基地。有的参观了"国歌馆"，激昂的旋律仿佛穿越时空，让学生们感受到了先辈们为国家独立、民族解放而不懈奋斗的热血与豪情；有的瞻仰"四行仓库"，满墙的弹孔诉说着当年抗战勇士们的英勇无畏，学生们仿佛置身于那场惨烈的战斗之中，心中涌起对英雄的崇敬之情；有的来到了"中共一大会址"，石库门建筑承载着厚重的历史，学生们在这里追寻着革命先辈的足迹，感悟着中国共产党人的初心与使命；有的走访了"吴淞炮台"，古老的炮台静静矗立，见证着岁月的沧桑变迁，学生们凝视着它，仿佛看到了曾经的硝烟战火和八十多位战士永不后退的精神。

真实的情境能够拉近人与历史的距离，如身临其境般感受岁月留下的痕迹，引发内心深处的感情，进而激发学生的创作愿望，用作品表达内心的触动。

（三）明确学习的价值

通过与真实生活相联系，找到问题产生的源头，并在问题解决后获得真实的反馈，能够使学生切实感受到自己可以对真实世界施加积极的影响，进而深刻认识到学习的价值与意义。

以《"献给最爱的人"线上音乐会》项目主题为例，学生与家人一起选曲，运用课堂所学深入剖析作品以及合作演绎歌曲。在此过程中，学生不仅加深了对知识的理解，提升了音乐技能，还增进了与家人之间的情感交流。重阳节当天，线上音乐会成功举办，家人幸福的微笑，观众的掌声与点赞让学生收获满满的成就感。

又如，在《创演"上海说唱"》项目化学习中，学生们通过亲身实践发现问题，在对问题不断探索的进程中持续加深对生活的认知，进而创作出优秀的作品。学生的创作不仅在课堂上公开演绎并收获了热烈的掌声，其中的优秀作品还被推送到学校公众号上，赢得了大量关注，之后更是被官方媒体收录报道。

从问题的出现到最终的解决，这一系列过程为学生们带来了真切实在的感受，让他们更加清晰地明确学习的价值和意义，从而有力地保障了持久学习的动力和热情。

二、解析"真实性"的内涵

对于项目化学习的"真实性"，有的团队认为"真实性"是其中的核心要素，认为学生只有在完全真实的环境中学习，才能真正实现项目化学习"做中学"的目标。然而，还有许多团队则认为完全真实的环境很难实现，教师没必要花费大量精力去追求"完全的真实"。

结合当前中国教育环境的实际情况，笔者提出对"真实性"内涵的认识：

一个源自真实问题的项目往往由多种方式组合而成，如真实世界中的流程、任务、工具以及表现标准。狭义的"真实"要求项目化学习的每个环节都是真实的，但在实践中操作难度极大。对于学生来说，真实情境过于复杂，涉及的因素众多，学生常深陷其中，过多精力被分散，从而影响对学科本质问题的解决。对于教师而言，追求每个环节都真实，必然会耗费过多时间，进而减少对学生真正需求的关注。

因此，我们应当从更广阔的视角去思考"真实"一词的含义，不必刻意追求每个环节的绝对真实，而应聚焦于让学生在每个环节都能产生"真实"的感觉。例如，当项目实施环节涉及学生的关注点、兴趣、文化、身份、生活时，就会产生真实感。

比如在《我是"小小"非遗传习人》项目化学习案例中，笔者创设了"争做杨浦区'小小'非遗人"的比赛情境。这个情境虽然是虚拟的，但是当学生以"非遗传习人"的角色走进社区、学校礼堂、咖啡馆，面对社区居民、学校的师弟师妹以及咖啡馆的顾客，主动讲解非遗艺术的独特魅力时，这种真实感便真切地存在了。

思维过程的真实性也能带来"真实感"。项目化学习创设的问题可能并非当下发生，甚至不会立刻出现在学生身边，但却是真实存在的。因为这些问题必然带有许多真实的因素，需要学生代入真实的角色，用他们的思维方式来解决问题。这才是项目化学习应追求的"真实性"。

三、实现"真实"的体验

所谓真实的体验，就是要在开展音乐学科项目化学习时，创设情境，引导学生进入真实的角色，看到学习与真实世界的联系，运用真实的思维方式解决问题，并获得真实反馈。

（一）激发真实的情感

情境的创设是为了激发学生真实的情感。

场景、角色、任务是情境设计的三个要素。场景为学习提供具体的环境，角色赋予学生特定的身份和责任，任务则引导学生进行有目的的学习活动。三者相互配合，共同构建完整的学习情境。

来自真实生活中的问题自然而然地就带有真实的学习情境，例如在前一章节提到的《为"何以大先生"课本剧配乐》《创意"点亮"合唱》等。但是，自教材或者课程标准的主题中能提炼的问题却未必都与当下真实情境相连，可以围绕"生活化""时代感"这两个关键词，设计真实学习情境，激发真挚情感。

1. "生活化"

生活化的情境是贴近学生当下真实生活的，涵盖家庭、校园甚至城市和社会，将学生置身于熟悉的环境和情境中。例如，在《创演"上海说唱"》这一项目化学习案例中，教师设计了这样的学习情境：

亲爱的同学们，5月27日是一个值得我们永远铭记的日子。74年前的这一天，上海解放了！从这一天起，这座城市犹如凤凰涅槃，重获新生，展现出前所未有的生机与活力。然而，这份繁荣与活力并非偶然，是无数英雄们用鲜血和生命换来的。5月23日学校将举行"为了永久的纪念——探英雄故事·创本土曲艺·筑民族英魂"纪念上海解放74周年暨学生原创曲艺作品评选活动，诚挚地邀请你一起探究"如何用上海说唱这一本土曲艺形式讲述上海的英雄故事？"，并以小组合作创演的方式参加活动。

以"探寻上海这座城市发生的英雄的故事"为学习情境，能让学生切实感受到探究、实践以及创作对生活产生的重要作用，不但明确学习的实用性和价值，而且激发学生强烈的归属感和责任感。

又如，本书下篇提及的项目主题《我（们）和大海的故事》《"献给最爱的人"线上音乐会》的情境都是紧贴学生生活、结合民俗节日以及学生的生活经历创设而成的。

2. "时代感"

学习情境不仅应是学生所熟悉的，还应具备"时新"的特点。这样不但能给学生带来新鲜感，拓宽其视野，还能使其紧跟社会发展的步伐。尤其是将学习与当下的时代紧密相连，能让学生切实感受到真实世界的变化与发展，预想到自己将来面临的问题、承担的责任以及完成的使命。在完成学习后，清晰地感受到自己付出的努力对这个世界发展的作用，强烈的责任感能够保持持久的学习动力。

例如，随着我国"一带一路"政策的持续深化与扩大，从中国开往世界各国的列车也日益增多，中国与共建"一带一路"国家在经济、贸易以及文化等方面的交往愈加频繁。项目化学习主题《丝路传奇·艺术之旅》①便以此为契机，创设具有"时代感"的情境：

同学们，抓紧扶手，我们即将启程！这是一列名为"开往春天"的神奇列车。它不仅是一个交通工具，更是一列满载梦想和机遇的快车。这趟列车在"一带一路"的轨道上穿梭，就像一座会移动的彩虹桥，将中国和欧亚大陆上的国家紧紧地系在一起。

在这列火车上，我们将成为"文化使者"。一路上，我们用生动的语言、优美的歌声、动人的琴弦、灵活的舞姿，向列车上的乘客们介绍和展现沿途国家、地区和民族的音乐文化，让音乐成为跨越国界的通用语言，成为连接心灵的桥梁。

同学们，准备好了吗？让我们的列车向着春天，向着未来，出发！

为了加强学生真实体验，可以播放与"一带一路"主题相关的视频媒体。当学生看到画面中满载各种货物的列车在广袤的大地上飞驰时，引发学生的联想，感受那一条条铁轨如一根根"丝带"连接着中国与世界，这样的情境能让学生迅速进入"文化使者"的角色并展开问题的探究。尤其是在成果展示环节，身处被布置成"车厢"的教室，挂满了丝路沿线国家的各色图片，更是将骄傲之情推向高潮，成功实现了学习价值理解的内化。

无论从学生熟悉的生活中还是从社会时事中创设情境，**关键在于真实情感的激发**。即使学生明知这个情境是"虚拟"的，只要能够触动他们的情感，就能激发其创作欲望，从而增强学习的动力和参与度。

以《探寻红色音乐的情感密码》项目主题为例。在项目启动阶段，教师带领学生共同高唱《义勇军进行曲》。在激昂的歌声中，学生们观看五星红旗缓缓升起的视频，聆听 1949 年天安门城楼上毛主席宣布中华人民共和国成立的庄严声音。随着画面从黑白转为彩色，学生们在课堂上亲身经历了中国从站起来到富起来、强起来的快速发展过程，感受到国家的崛起和民族的自豪。学生们通过观看全国各地人民在国庆之际满怀激情地演唱《我和我的祖国》《我们的生活多么幸福》等经典歌曲，回顾 2008年北京奥运会开幕式上全场观众齐声高唱《歌唱祖国》的壮观场面，会进一步加深对民族情感的体验。教师巧妙地将歌唱与欣赏、聆听与观赏相结合，激发了学生的情感共鸣，引发了他们探究红色音乐背后所蕴含的时代精神和民族情感的强烈愿望。

（二）体验学习的全过程

遵循问题解决和成果完成的真实流程，引导学生带入真实角色完成一系列项目任务，包含团队合作、问题探究、知识建构、创作成果、建议修改、成果展示，最后到评价反思，在一系列真实的学习历程中实现知识建构、提升思维能力以及培育综合素养。

---

① 该驱动性问题选自本书下篇的项目主题三《丝路传奇·艺术之旅》。

1. 问题探究

依据问题解决和成果创作的真实流程，如问题识别、问题定义、目标设定、信息收集、假设生成、方案规划、决策制定、实施解决、效果评估、反思与调整、知识总结等组织学习，把各种认知策略融入问题的解决过程中，实现思维的真实性。

例如，借助"苏格拉底式问题研讨法""KWL"准确解构问题和定义问题；"项目规划书""任务分配表""学习日志"等一步步推进项目实施进程等，通过学习支架的搭建，帮助学生运用中高阶认知策略解决问题。

以《我是"小小"非遗传习人》项目主题为例，同学们在完成问题识别、问题定义、目标设定、信息收集学习环节后，经过小组讨论的方式提出了问题的解决方案。

又如，按照"专家答辩会"真实流程组织建议与修改环节。"专家团"是由学生自荐组成的，先由小组代表介绍项目实施情况，之后"专家们"就不足之处进行现场提问，小组代表现场答辩，最后由专家代表提出改进建议。

《我是"小小"非遗传习人》项目化学习

虽然"专家团"是由学生模拟的，但是在活动过程中，学员与专家都以各自角色的身份进行思考、交流和解决问题。思维的真实经历是学生创新思维和批判性思维能力得以提升的关键。

2. 团队合作

现实世界中，人们常通过团队合作的方式来解决复杂的问题。与人合作、互动交流、解决矛盾、体会合作后成功的喜悦，这些真实经历能帮助学生学会倾听他人意见，锻炼沟通、协调能力，更好地培养团队精神和合作意识等。这些品质和能力是学生能够在将来真实世界中取得成果的关键。

如何帮助学生获取真实且有效合作经验呢？

（1）体验真实世界中不同角色所承担的责任

可以采用"分工设角"的方式给学生带来真实的体验。以《为"何以大先生"课本剧配乐》这一项目为例，基于该任务的真实需求，教师可以设计以下四个岗位和职责：

岗　位	角色分工	学习目标	招聘人数
组织能人	负责团队人员的协调和项目任务的组织与执行工作。	提升自己的领导力、沟通能力和决策能力。	1
音乐达人	负责项目任务中所有与音乐相关的工作，如收集音乐、分析音乐等。	展现自己的音乐才能，提升对音乐与戏剧之间关系的理解。	2—3
语言大师	负责项目任务中的剧本分析，特别是对戏剧主题、表达的情绪和情感的深入理解，并进一步提出音乐设想。	提升自己的对剧本的分析能力和想象能力。	1—2
电脑技师	负责项目任务中与"信息技术"相关的工作，如搜索音乐、剪辑音乐、制作展示 PPT 等。	提升信息检索能力、多媒体处理能力。	1

学生积极展示自己的优势与能力竞聘岗位，以"供求双方互选"的方式**组成互补性学习小组**，明确自己的角色。

（2）以正向反馈养成合作意识

当学生在真实世界中获得关于合作的正向反馈时，如看到良好的合作产生的优质成果、感受到团队合作带给个人的成长等，会获得极大的满足感和成就感，进一步坚定持续合作的信念。

例如，在项目化学习的入项环节，教师可以与同学们分享往届优秀团队撰写的《团队协议书》，从中了解优秀的团队是如何通过制定并有效执行合作条款去实现良好合作的。又如，邀请获得优质成果且合作良好的团队成员分享合作心得，供其他同学借鉴，还可以用数据的方式呈现出良好合作与成果之间的正向关系等。

（3）以反思方式解决合作与交流的矛盾

例如，在第一次合作完成《我（们）和大海的故事》项目主题的学习过程中，有的学生在讨论方案时急于表达自己的想法，而忽略了倾听他人的意见，导致团队成员之间产生了隔阂；有的学生缺乏主动性，总是等待别人分配任务，而不积极参与策划，影响了项目的进度；有的学生在任务执行过程中，对分工不满意，产生了消极情绪；还有的学生认为自己的付出没有得到大家的认可而心生怨言。正是这些真实的矛盾，为学生提供了宝贵的学习和成长机会。

教师可通过搭建学习支架或运用组织策略，促进学生的自我审视。例如，可以将个人成绩与团队最终成果评价挂钩，学生为了团队会更积极地自我审视，同时相互督促。又如，通过设计《合作与交流评价表》，引导学生以自评与互评的方式，反思自身行为，进而学习改进沟通方式，学会倾听他人意见，尊重不同观点，共同寻找解决方案，提升团队凝聚力。

此外，在学习过程中可让学生填写《学习日志》，及时反馈合作中遇到的问题。教师不仅能给予学生指导，还能组织全体同学为出现问题的学生出谋划策，助力学生掌握有效的沟通技巧和合作方法。

3. 成果展示

教师在设计成果展示形式时，可以通过整合多方资源，设计多样化的展示形式，帮助学生将学习与现实生活相联系，增强与真实世界的亲密互动，并深刻体会自身的价值和学习的意义。

（1）整合多方资源

整合学校、家长、社会等多方资源，搭建互动交流通道，让身处校园的师生实现与真实世界的亲密互动。教师可以结合不同的主题，邀请行业专家、同行教师、家长，或更多的学生群体参与成果展示，让学生得到更多、更真实、更开放、更专业的反馈。

例如，《乐舞声韵》[①]项目化学习以辩论会的形式展示学习成果，邀请学校语文、艺术学科的教师组成评审团。在活动中，教师凭借丰富的专业知识和实践经验，为学生提供中肯的点评，让学生收获良多。

又如，在《我是"小小"非遗传习人》项目化学习的成果展示活动时，将远在西安、90高龄的著名演奏家安志顺老先生通过视频连线的方式请进课堂，点评学生的表演，给予专业建议。

在《中国音乐作品中的自然之韵》项目主题的成果展示环节，邀请所有同学按照统一评价标准，结合自己的感受对同伴的作品进行评分，之后投票和公平的唱票，选出最佳作品，制作成带有学校Logo的文创作品，作为礼物赠送给学生。

除了线下互动，还可以借助信息技术等手段，让更多家长、同伴、师长都参与其中，为精彩的表演点赞。例如，《"献给最爱的人"线上音乐会》项目主题的成果展示，以线上音乐会的形式来庆祝"重阳节"，以表达对长辈的敬爱之心。

（2）设计多样化成果展示

成果展示形式可以打破传统的单一模式，创设多样化展示平台。从线下到线上，从课堂到礼堂，从校内到社区，满足学生的艺术表达和创作需求。

例如，《为"何以大先生"课本剧配乐》成果展示的舞台是学校大礼堂。通过现场直播的方式，让全校学生参与其中，展现了戏剧配乐的效果。"优秀配乐团队"成员在现场分享了创作体验，赢得场下观众的阵阵掌声。这种快速、即时的反馈能够带给学生正向的情绪价值，激发创作的热情。

《为"何以大先生"课本剧配乐》成果展示

又如，《创演"上海说唱"》项目是在学校大礼堂举办的一场名为"为了永久的纪念——探英雄故

---

① 该驱动性问题选自本书下篇的项目主题四《乐舞声韵》。

事·创本土曲艺·筑民族英魂"的纪念活动。学生在现场展出了原创的曲艺作品，教师邀请了一些优秀的创演团队拍摄 MV，在学校官方网站和校园内大屏幕上循环播放，受到广泛的关注和好评。

《创演"上海说唱"》项目化学习优秀作品 MV

再如，《我是"小小"非遗传习人》项目主题的成果展示形式则是面向社会的。有的小组走进社区，除了作品介绍外，组员还现场展示了昆曲的装扮、水袖和吟唱，与社区居民分享和推广非遗艺术。

《我是"小小"非遗传习人》项目化学习成果展示

成果展示的影响力从校内延伸到校外，涉及人群从同伴之间扩展到社会人群。通过成果展示，学生能清晰地认识到学习的价值和意义。此外，在面对各类专家以及多样化的展示场所、展示方式时，学生的表达能力、适应能力和解决问题的能力都得到了提升，为他们的成长和发展打下了坚实的基础。

创意探索三、如何规划学习实践

2014 年教育部研制印发《关于全面深化课程改革落实立德树人根本任务的意见》提出"教育部将组织研究提出各学段学生发展核心素养体系，明确学生应具备的适应终身发展和社会发展需要的必备品格和关键能力"。2022 年正式出版的新课标提出"教师要以任务、主题或项目的形式开展教学，将知识与技能嵌入其中，通过综合性、创造性的艺术实践活动，促进学生深度理解知识与技能，提升综合能力。"无论是教育部颁布的指导性文件还是课程标准的建议，都集中体现了国家对人才培养的要求，就是培养具有综合能力和综合素养的人才。

因此，音乐学科项目化学习实践规划和实施的核心，是要将学生艺术素养的培育置于重要地位，同时综合考量学生关键能力以及成功技能的提升。艺术核心素养涵盖审美感知、艺术表现、创意实践和文化理解等方面。关键能力主要指学生的思维能力，如解决、研究、分析问题的能力等。成功的技能则着重强调学生与人沟通的能力、合作能力、管理项目的能力等。

与传统教与学的方式不同，项目化学习的实践有其独特特点，且与其他学习方式也有较为显著的差异。因此，本章节将以"**如何规划和实施学习实践？**"为核心问题，详细阐述对以下三个子问题的认识与理解，分别是："项目化学习实践有怎样的特点？""不同类型的学习实践作用是什么？""合理规划与实施学习实践的策略是什么？"

一、项目化学习实践的特点

（一）问题导向

以"**真实问题的探究为导向**"是项目化学习实践的一个典型特征，它强调学生在主动探索和解决问题的过程中获取知识与提升能力，**注重培养学生在探究不同类型的问题过程中，掌握问题解决的方法和路径，提升问题解决的能力**。学生不再是知识的被动接收者，而是成为问题的研究者和解决者。与此同时也赋予了教师多重身份，他们可以是学科专家，是设计者，是资源提供者，也是监管者。

源于真实世界中需要解决的问题以及完成的成果往往是综合性的，所以学习实践设计和规划通常面对两类问题。一是核心问题，包含了学科核心知识或者跨学科知识相关问题；二是非核心问题，指的是完成成果需要解决的其他问题。

以项目主题《"献给最爱的人"线上音乐会》为例，驱动性问题是："如何与亲人合作，合唱一首抒情歌曲，让音乐'声入人心'？"，从中分解出来的核心问题有："如何准确且生动地表达歌曲的情感？音乐与歌词是如何完美地融合？"，非核心问题有："如何合作完成选人和选曲？如何合作完成项目成果？如何完成作品的拍摄？"。

解决不同类型的问题需要采用不同的方法。例如，赏析类问题"音乐与歌词是如何完美地融合？"不仅需要运用音乐学科的体验方式，如聆听、识谱、视唱、画旋律线、拍奏节奏等，还需要运用对比、分析和归纳等认知策略提炼出"诗与乐结合"的方法。对于音乐创作类问题，既要像作曲家那样构思作品的结构、旋律的进行和情绪的表达，同时也需要学习运用信息技术中的音乐、视频制作技能完成作品展示。

（二）成果驱动

传统教学中的学习成果往往出现在一节课或者一个单元的结束部分，常用于巩固课堂所学或调动学习氛围而设计。一般先有教学设计，再布置成果展示的任务。

项目化学习是以成果展示的方式展现出学生通过问题探究方式所掌握的重要知识和技能，是"做中学"这一理念的集中体现。项目化学习是先做成果展示的设计，再做学习实践规划与实施，以学生完成项目成果需要掌握的知识技能整合教学内容，实现知识在实践中不断建构，促进认知结构化，实现素养的提升。

所谓"成果驱动"指的是学习实践的规划与实施，要搭建起以"问题探究"为起点，以"成果展示"为终点的重要桥梁。这个桥梁是"双向奔赴"的，因此项目化学习的教与学可以从以下两个角度去做规划：

一、问题探究过程中，可以掌握哪些重要的知识和技能以及解决问题的方法？

二、完成项目成果需要掌握哪些重要知识和技能以及解决问题的方法？

师生双方根据这两个角度来整合各种资源，挑选合适的学习内容，开展学习与实践。成果驱动下的学习实践规划与实施能够实现教与学的结构化设计，避免盲目性和随意性。

以《"献给最爱的人"线上音乐会》项目主题为例：

从驱动性问题中分解出子问题是"如何能够用歌唱方式表达歌曲的情感？"，与其对应，学生要完成的子任务是："能够对歌曲进行艺术处理，用整齐、较为统一的声音完整歌唱，表达歌曲的情感。"教师梳理出问题与各种任务，筛选出需要掌握的重要知识、技能和解决问题的方法：

① 准确识读五线谱或简谱，歌唱时保持音准、节奏、力度与速度的准确性。

② 学习正确的歌唱方法，包括歌唱时呼吸、声音的位置、咬字吐字等。

③ 能够运用音乐表现要素，如力度、速度的变化、乐段、音色等来设计歌曲的表达方式。

④ 准确且有表现力地演绎歌曲。

教师把这些问题嵌入在学习实践过程中，如通过学习《夕阳红》《萱草花》等歌曲帮助学生复习简谱和五线谱，提升识谱能力，指导学生掌握正确歌唱方法，提升歌唱能力；通过《当你老了》《采桑子·重阳》作品赏析，理解歌词与音乐的联系，从词曲两个角度理解并准确表达歌曲的情感。教师还可以提供学习支架，如《作品欣赏单》引导学生以小组合作方式完成作品赏析。

成果驱动的特点还体现在以"问题是否得到解决、成果是否高效完成"来设计项目评价，以此检验项目化学习实践规划的有效性。同时，这些检验结果可以反过来指导教师对学习实践规划进行调整，进而提升实施的有效性。

（三）项目推进

项目化学习的根源在于以项目为依托的独特学习模式。在这种模式下，学生通过团队协作或独立探索的方式，完整经历项目的规划、实施、改进、展示以及反思的全过程。这一过程可简称为"项目推进"。与传统教学模式相比，在项目推进过程中，学生不再是被动的知识接收者，而是化身为设计者、决策者与实施者，主动掌控学习进程。教师则从知识的灌输者转变为指导者与监督者，为学生提供必要的引导与支持。

项目推进过程中，学生要着手两类问题的探究和任务的完成。一是核心任务，即为了解决核心问题设计的任务；二是支持性任务，即为了核心任务的顺利展开而设计的任务。以《"献给最爱的人"线上音乐会》为例，除了既定的核心任务外，学生还需应对一系列非核心问题。比如，"如何让所有组员就作品的艺术处理达成一致意见？"每个组员对作品的理解和感悟可能千差万别，而统一的艺术处理是呈现高质量演出的基础；"怎样组织全体组员有条不紊地完成歌曲学唱以及作品排练"，这涉及到合理安排排练的时间、制订科学的排练计划，以确保每位组员都能熟练掌握自己的部分，实现整体的完美协作；"如何将演绎的作品精心制作成 MV"，需要学生从拍摄手法的选择、画面的创意构思，到后期剪辑的节奏把控，做出细致考量。

通过学习实践的设计与规划帮助学生解决这些问题，并完成支持性任务。例如，所有组员独立填写《作品演绎的设计单》，充分发挥个人的创意与思考，随后通过网络会议组织小组展开深入交流和讨论，并进行公平表决，最终遴选出最佳设计方案。又如，学生可以利用课余时间学习教师推送的微课资源，通过学习能够掌握影像拍摄和制作的前沿技术。影像拍摄和制作技术的学习与应用，能使学生不仅能够在音乐表演上展现风采，还能借助现代技术手段，将自己的音乐作品以更丰富、更具观赏性的形式呈现出来。

此外，有助于支持性任务完成的学习实践还包括运用认知策略，借助"信息资料收集表"学习支架高效完成资料的收集、整理、筛选和分析；通过自评和互评的方式，促使组员之间或其他相关人员展开良好的沟通与合作；借助《学习日志》《项目里程碑》等学习工具，引导学生协调学习与实践的时间，灵活调整学习内容与节奏，推动项目的顺利进行。可见，项目化学习实践不但要聚焦学生艺术素养的提升，还需在学生主动学习、问题解决、合作交流等综合素养，以及跨学科学习能力和实践能力的培养上发挥重要的作用。

二、不同类型的学习实践作用

项目化学习实践可以划分为五种类型，探究型学习实践、审美型学习实践、技术型学习实践、调控型学习实践和社会型学习实践[1]。它们是基于项目化学习的典型特点设计的，能够较为全面地满足项目化学习这种新型的教与学模式期望达到的目标。

以下将结合音乐学科的特点，从理论与实践两方面阐述五类学习实践的特点和作用。

（一）探究型学习实践

探究型学习实践是指在项目化学习中，学生通过探究的方式寻找问题解决的方法，"问题解决"是项目化学习的一个重要特征。在五种学习类型中，探究型学习实践是包括音乐学科项目化在内所有项目化学习中至关重要、贯穿始终，且与其他学习实践结合最为紧密的一种。例如，"音乐要素在情绪情感表达上起到怎样的作用？"是"探究型学习实践"与"审美型学习实践"相结合；"如何用音乐软件为'丝竹乐主题'加花创作？"是"探究型学习实践""审美型学习实践""技术型学习实践"相结合。

判断一个项目的驱动性问题是否具有挑战性，是不是一个高质量的驱动性问题的关键要素，就要看这个问题的探究过程是否有助于学生运用认知策略，尤其是高阶认知策略来解决问题。

一般探究型学习实践规划实施步骤包括：提出问题、建立知识联系、设计实施探究、评论与修改。以项目主题《丝路传奇·艺术之旅》为例：

驱动性问题："一带一路"连接欧亚大陆，沿线地区、民族以及国家民族民间音乐各具特色，为何这些地区、民族以及国家会形成如此这般的艺术特点呢？

---

[1] 夏雪梅著，《项目化学习设计：学习素养视角下的国际与本土实践》，教育科学出版社，2018年。

	探究活动	探究内容	认知策略
1	提出问题	①"一带一路"沿线有哪些地区、民族和国家？ ②民族音乐、民间音乐的定义是什么？ ③如何提炼出这些地区、民族和国家音乐的特点？ ④音乐特点的形成与哪些因素相关？	联想策略
2	建立知识联系	①收集关于沿线地区、民族和国家哪些方面的资料有助于更好地解决问题？ ②选定探究哪一个地区（民族或者国家）的音乐文化？选择的理由是什么？ ③收集的资料是否足够丰富、足够全面，如果要更好地解决问题，还需要收集哪方面的资料？ ④采用哪些方法分析音乐作品？如何找到音乐与文化之间的关联？	系统分析 信息收集 整理 归类 分析 决策
3	设计实施探究	①设计的展示内容与形式是否能够凸显该地区的文化特点？ ②制定的项目规划、组内分工是否能够有助于高质量地完成成果？ ③撰写作品赏析文稿是否能够准确阐释该地区音乐特点以及音乐与文化之间的关系？ ④作品演绎是否能够带给观众深刻地体验？	问题解决 创见 系统分析
5	评论与修改	①教师给出的建议是否直指问题的中心？ ②可以在哪些方面做进一步修改？	元认知 问题解决 批判性思维

（二）审美型学习实践

审美型学习实践是指在项目化学习中，通过对艺术作品的学习，丰富审美经验，掌握了感受美、表达美、创造美的方法。与其他学科的项目化学习相比较，审美型学习实践是音乐学科项目化学习中最核心的一类学习实践。

以项目主题《我是"小小"非遗传习人》为例：

> 欣赏：
> 1. 聆听古琴曲《阳关三叠》，结合音乐表现要素感受音乐的情绪情感、了解音乐风格，知道体裁形式。
> 2. 聆听琴歌《阳关三叠》，品读歌词。
> 3. 聆听教师用 midi 键盘连接电脑后，用电脑软件模拟古琴"散音、按音、泛音"音色。

> 表达：
> 1. 准确识谱，完整演唱《阳关三叠》旋律，表现出不同乐段情绪的变化。
> 2. 伴随着古琴伴奏（midi 键盘演奏）完整演唱琴歌《阳关三叠》，表达歌曲的情感。

> 审美型学习实践——联系：
> 1. 观察古琴的外观、结构，了解乐器的制作工艺，从形态以及声音两个角度探索古琴艺术蕴含的我国古代文人的审美追求。
> 2. 了解古琴的发展历史，了解历代文人墨客对其推崇与喜爱的原因。
> 3. 综合音乐、历史等学科，说出古琴艺术的社会功能和审美价值。

通过欣赏、表达、联系等审美型学习实践，使学生在获得审美经验的同时，掌握音乐赏析、表达和联系的方法：①结合音乐表现要素感知体验，分析其典型特征，从而提炼音乐特点；②用歌唱的方式准确传递情绪和表达情感；③从文化语境中认识音乐的价值与功能。

在音乐学科项目化学习中，审美型学习实践常常与探究型学习实践交织在一起解决学科核心问题。例如，上例中"聆听"环节综合了"探究型学习实践"与"审美型学习实践"，引导学生运用"感知、体验、联觉、想象、认知和理解"等学科学习方法，以及"比较、分析、抽象、推理"等认知策略，解决"从音乐表现要素，如速度、节奏、旋律起伏等角度说出该曲有怎样的典型特征""结合歌词，进一步理解乐曲传递了什么情绪和表达了怎样的情感"，以及"说一说古琴'散音、按音、泛音'音色有怎样的特点？能够引发我们怎样的联想"等问题。

（三）技术型学习实践

技术型学习实践是指在项目化学习中，通过提升和运用技术手段，帮助学生辅助学习和解决问题，使学生更好地参与项目化学习实践，完成项目化学习驱动性成果，并在这个过程中提升信息处理能力。

在信息技术高速发展的时代，将技术型学习实践合理而有效地融入音乐学科项目化学习，不仅能有效推进项目的进程，还能丰富学生艺术表达、艺术创作的方式，为学生之间开展高效合作，满足个性化学习需求，提升创新思维能力提供助力。例如，利用软件可以实现线上的讨论、交流；利用网络微课可以满足学生个性化学习的需要；利用音乐制作软件可以让更多没有乐器学习经历的学生尝试音乐的制作、编辑和创作。

教师在规划和实施技术性学习实践时，需要全面了解学生现有的信息素养。下表呈现了第三学段和第四学段技术性实践在项目化学习中的表现（部分）：

技术性实践	六年级	七年级	八年级	九年级
具体表现	基础性： 能够运用软件、电子设备与他人交流、沟通。 能够运用网络、电子设备获取、整理、分析资料。 能够运用软件和信息设备制作PPT。	进阶性： 能够初步掌握音乐制作软件功能，进行单音轨音乐的输入、修改和编辑。	高级性： 能够熟练掌握音乐制作软件的功能，进行单声部音乐伴奏的编配。	创新性： 能够运用音乐制作软件的功能，进行音乐创编。

教师能够准确把握学生的现有信息素养以及潜在的提升空间，并据此来设计和实施学习实践，既能确保项目实施的可行性，又能促进学生信息素养的提升。

（四）调控型学习实践

项目化学习具有周期长、难度大，答案具有开放性等特点，对学生的自我调控、反思、计划性、实践管理等能力提出更高的要求。调控型学习实践中，借助学习支架和组织策略，引导学生在实践中体验并逐步提升自我控制、自我调节等调控技能。以下表格展现了常见的调控型学习实践：

	非核心问题	调控型学习实践	支持性任务	作　用
1	如何让组员在合作方式上达成一致？	① 讲解《团队协议书》填写的要点。 ② 出示优秀的《团队协议书》范例。 ③ 完成分组，小组成员通过讨论、交流等方式商定合作协议，包括明确各自的职责分工、商讨决策流程、建立沟通机制、设定评估和反馈机制等。 ④ 通过组员之间的监督以及自我反思方式执行合作协议。	填写《团队协议书》	有效规划与管理；明确责任、互相提醒与自我约束、预防冲突、增强信任。
2	如何对项目进行合理规划？	① 讲解《项目规划书》填写的要点。 ② 出示优秀的《项目规划书》范例。 ③ 展示优秀的《项目规划书》与优秀成果之间的联系。 ④ 通过讨论、交流，小组成员明确学习目标和期望、制订项目计划、具体的任务分配和任务完成的时间表。	填写《项目规划书》	
3	如何有效推进项目进程？	① 小组以讨论方式完成近阶段学习日志。 ② 组织各组代表进行展示。 ③ 以师评或互评的方式提出改进建议。 ④ 各小组基于建议对项目规划进行修改。	填写《学习日志》	有效推进项目，提升批判性思维能力和反思能力。
4	如何分享重要的学习过程？	① 在教室的黑板或者墙壁上发布可供填写或者张贴的《项目里程碑》展板。（也可以用电子展板） ② 每周组织学生完成《项目里程碑》填写。 ③ 教师及时公布对每次填写的评价。 ④ 教师出示获得"优秀"评价的范例。	填写《项目里程碑》	
5	如何引导学生进行自我反思？	① 在项目实施之初，公布本次项目结束时需要完成的各类评价量表。 ② 解说评价量表的评价要点。 ③ 在项目实施过程中组织学生完成过程性评价。 ④ 在项目结束时，公布展示成果的终结性评价，并组织学生完成《个人任务完成情况评价表》。 ⑤ 组织学生对本次项目化学习进行反思。	① 填写《过程性评价表》。 ② 填写《个人任务完成情况评价表》。 ③ 完成《项目化学习反馈表》。	批判性思维能力、反思能力。

（五）社会型学习实践

社会型学习实践是指通过与他人合作、交流等方式，提升团队协作、沟通交流等社会性技能，有助于学生以"小组合作"方式高效地完成问题探究和项目成果。例如，在《创演"上海说唱"》项目主题中，学生组团走访英雄故居、红色教育基地、名人纪念馆，采访馆长、工作人员和路人，收集创作需要的素材。以下是在该项目主题学习的社会型学习实践：

	社会型学习实践	支持性任务	作 用
进行分组	① 发布小组数、每组人数以及岗位。 ② 学生根据兴趣、特长自由组合。 ③ 以小组讨论方式完成岗位分配与具体任务分配。 ④ 如果学生在分组时有困惑和矛盾时，教师及时给予指导。	填写《任务分配书》。	既能给学生选择的自由，又能保证各个小组的实力相对平均。
良好的合作与交流	① 发布《小组合作与交流》评价表。 ② 详细解释评价量表。 ③ 分享成功合作的案例。	知道《小组合作与交流》评价表中各个层级的标准。	明确良好的合作与交流的价值和意义。
组织社会调研	① 发布《社会调研规划单》。 ② 详细解释《社会调研规划单》填写的要点。 ③ 分享《社会调研规划单》范例。 ④ 通过讨论交流，填写《社会调研规划单》。	① 填写《社会调研规划单》。 ② 组织组员合作完成《社会调研规划单》的内容。	预测开展社会调研时可能遇到的问题，并准备解决方案，确保调研活动有序开展。

　　五种类型的学习实践目标不同，但是相互之间却不是分裂的，而是互相结合解决具有综合性的问题。以下为一份项目化学习实践设计与规划的模板，便于教师能够以问题探究为出发点，以成果为终点，设计与规划出更多元的学习实践，满足学生多元需求。

项目化学习实践设计与规划 [1]

驱动性问题		
作品素材		
学科核心子问题①		
核心任务①		
学习素材		
学习实践类型（主要）		
学习实践		素材资源、学习支架
		1. 学习资源 2. 学习支架
	......	

三、合理规划与实施学习实践的策略

　　项目化学习实践的规划与实施有"精""宽""活"三个重要策略：

---

[1] 《项目化学习实践设计与规划》具体案例详见本书下篇四个项目主题中的"开展学习实践活动"板块。

（一）精——精选素材

艺术作品是学生学习的重要素材，问题的探究、知识的掌握以及成果的创作都离不开对作品的感知、体验、认识与理解。精挑素材意味着教师要以严谨和精准的态度筛选素材，确保学生能够接触到具有艺术价值、能激发他们兴趣和创造力的内容，从而开展主动探究，为最终实现认知结构化奠定坚实基础。

1. 选取具有较高艺术价值的经典作品

选择的作品具有较高的艺术价值是精选作品的核心要素。许多经典的作品即使历经数十年，所传达的世界观、价值观和人生观依然具有现实意义和指导作用。以新教材六年级上册第二单元《采桑子·重阳》为例，它不仅给人带来艺术的享受，而且当音乐与诗词完美融合后传递出诗人广阔的胸怀，仍然能够激励着新时代浪潮中的人们保持坚定的信念和豁达的心境。经典的作品能为学生提供深入研究并领会其深刻内涵的探索和学习空间。

2. 选取作品能够贴近学生的认知规律

选用的作品能直指学生内心，唤起他们的好奇心和创造力，建立起与作品的情感连接，带来丰富的情感体验，从而能够激发学生进行主动的探索。教师在精选作品时，要充分考虑学生的年龄特点、知识储备和心理发展阶段。例如，歌曲《雪绒花》《猜调》《萱草花》《送别》等适合六七年级学生欣赏与歌唱的。这些歌曲的音乐形象鲜明、生动，情感表达真挚而直接，能够与学生的情感产生共鸣，激发学习的兴趣。

琴歌《阳关三叠》、昆曲《牡丹亭》以及音乐剧唱段《练习曲》《回忆》《日出日落》等作品则更适合八九年级学生学习。这些作品在音乐风格和表现技巧上更为丰富和复杂，情感表达和主题内容也更为成熟和深刻，不仅能够拓宽学生的音乐视野，提升他们的音乐鉴赏能力，还能引导他们深入探讨歌词背后的深层含义和哲理，促进其情感成长和价值观的形成。

3. 单元中的作品间形成结构化的关联

项目化学习注重解决核心问题，这些问题通常源自学科的核心知识，核心知识则会以多样化的形式体现在艺术作品中。因此，要在关注作品的艺术价值、符合学生认知规律的基础上，挑选出一组具有高度关联性的作品。这样的作品组合能够支持学生在探索问题的过程中以"循序渐进、循环往复"方式解决核心问题，并构建对核心知识的系统化理解。

以《丝路传奇·艺术之旅》项目主题为例，解决"如何理解音乐中的文化特征？"这一核心问题，主要选取《飞天》《作画》《丝绸之路》《查尔达什舞曲》等作品。学生通过这一组作品的学习，能够探索"音乐是如何反映和塑造各自文化特征？"把握音乐与文化之间的联系，掌握在特定文化语境下欣赏音乐的方法。

（二）宽——拓宽视野

项目化学习采取的是更为开放、综合的实践方式，助力学生面对真实生活中融合了各种现实元素的问题，从而实现提升问题解决以及创新能力的培养目标。

1. 打破学科之间的壁垒

要勇于打破传统学科之间的界限，通过跨学科的合作来拓展学生的知识结构，更好地解决学科核心问题，满足学生审美感知、表达和创作的需求。以《曲韵流芳：昆曲之美的发现之旅》项目主题为例，学科核心问题"中国昆曲艺术具有怎样独特的审美特征？"可以分解成四个子问题：

① 昆曲艺术的音乐、唱腔与身段表演有哪些审美特征？

② 如何体会昆曲艺术"依字行腔"带来的意境美与音韵美？

③ 如何理解"昆曲是流动的园林，园林是凝固的昆曲"？

④ 怎样通过舞台表演展现昆曲的独特魅力，表现古诗词的意蕴，进而营造出优雅且富有文化内涵的艺术氛围？

教师可以运用音乐、舞蹈、戏剧、语文、建筑等相关学科的核心知识来解决这些问题，引导学生主动构建知识，以实现知识结构化的目标。例如，运用旋律起伏、节奏、节拍、发音、咬字吐字等音乐学科知识与技能，从听觉层面体验与感受昆曲委婉曲折、绮丽秀美的特点，构建关于音乐表现与情感传达的知识体系。运用基本步伐、手势、姿态、表情等舞蹈学科语汇指导学生学习昆曲的身段表演，从视觉角度感受戏曲表演的典雅和神韵，形成舞蹈艺术表达的知识架构。也可以从中国园林高低起伏、有藏有隐的悠闲情绪中，体会中华民族审美中所追求的"雅"，搭建起建筑与审美之间的桥梁。还可以研读昆曲的剧本和唱词，剖析其中的诗词格律、修辞手法与曲调的结合，体会深刻的文化内涵和音韵之美，构建文学与音乐融合的知识网络。

通过打破学科界限，学生不再局限于单一学科的知识框架，能够从多个角度认识和理解核心知识。在不同学科知识的交织与融合中激发创新思维，发现新视角，理解新内容，从而高质量完成项目。

2. 建立与生活的联系

教师在教学过程中应致力于建立学习与生活之间的联系，拓宽学生认知世界的眼界。这不仅意味着教会学生运用各类知识技能解决生活中遇到的问题，更重要的是培养其主动构建知识的习惯和态度。另外，还能帮助学生积累更多的生活经验，掌握更多解决不同类型问题的方法和路径，提升综合素养，为将来面对更多更大的挑战做好准备。

以项目主题《"献给最爱的人"线上音乐会》为例，其驱动性问题是："如何与亲人合作，合唱一首抒情歌曲，让音乐'声入人心'？"。成果展示的形式为：与亲人合作演绎一首抒情歌曲，并拍摄成视频，在"献给最爱的人"线上音乐会上予以展示。通过两个子问题的深入探究，学生得以构建知识体系，掌握歌曲分析和歌唱表达的方法。

完成成果的过程中，学生可能会遇到许多问题，如：邀请哪一位家长与同学合唱？要妥善解决这一问题，小组成员之间、学生与家长之间都必须进行良好的沟通交流，进而甄选出一位愿意参与、有充足时间排练并且具有一定歌唱能力的家长，以此顺利化解难题。又如，许多小组在步入歌曲表演阶段时，常常会面临这样的状况：网上找到的伴奏音乐音调太高，唱不上去。面对此种情形，有的同学会主动向老师请教，有的则会自行在网络上探寻解决问题的办法。不管采用哪一种方式，都是一种主动构建知识、学习技能的有益过程，有助于学生将学习与生活深度融合。

由于解决问题的能力各不相同，各个小组遇到的问题也会是各种各样的，这就让问题解决的过程成为一种独特的、开放的人际互动的过程。学生可以锻炼沟通协调能力，培养团队合作精神和掌握解决问题技巧。这些技能的提前实践，不仅有助于学生当前的学习，更为他们未来在各个领域的学习和工作打下了坚实的基础，无疑是宝贵的财富。

（三）活——活学活用

"活学活用"既指教师在教学过程中能够灵活应对各种情况，指导学生学习，又指学生能够灵活选择合适的学习方法和途径，灵活运用所学知识来完成"做中学"的目标。教学中可以采用以下四种方法实现"活学活用"：

1. 创设开放的学习环境，鼓励创新意识

创设开放的学习环境，鼓励学生自由表达观点，以包容和鼓励的态度对待学生的探索和创新，大胆尝试新的学习方法和思路。教师既要及时给予反馈和指导，也要鼓励学生对学习内容和方式提出自己的想法和建议，共同参与学习环境的建设和优化，形成积极向上、充满活力的学习氛围，促使学生更好地"活学活用"知识和技能。

2. 采用灵活的教学方式，契合个性化学习

学生在面对各类不同的问题会产生不同的学习需求，因此灵活多样的教学方式，能够满足学生个性化学习。例如，在学习方式上，教师既可以提供独立思考的空间，也可以设计与同伴形成学习小组共同探讨和解决问题。独立思考有助于培养学生的自主学习能力和深度思考能力，小组合作则能够锻炼学生的沟通协作能力和团队精神。

又如，在角色带入上，学生既可以学生的角色解决课堂上的问题，也可以代入专家或教师的角色自主设计问题，通过主动建构知识，规划问题解决方案。这种角色的转换能让学生更好地理解问题的产生过程，从而提高其学习的主动性和创造性。

再如，从感官体验的角度，既可以设计单一感官体验，如音乐的聆听或资料的阅读，也可以借助舞蹈、绘画、戏剧等多种艺术形式实现多感官体验。单一感官体验学习适合系统地获取和处理信息，多感官体验学习则会在提高学生的学习动机、参与度和综合能力方面表现出更大的优势。

从学习环境的角度来看，既可以在课堂上由教师和同学进行面对面的互动交流，充分感受集体学

习的氛围和即时反馈的优势，也可以利用网络平台进行个性化自主学习，根据自身的节奏和需求灵活安排学习时间和内容，拓展学习的空间和资源。

3. 获取足量资源支持，满足学习的需求

学习资源的针对性、有效性，以及资源获取的便捷性是促进学生"活学活用"的必要保障。例如《丝路传奇·艺术之旅》项目：

问 题	资 源	形 式	授课（组织）教师
丝路沿线代表性国家的地理风貌与当地所形成的文化有怎样的关联？	专题讲座：《沿着丝路，探寻地理与文化的关联》	年级大会	地理学科教师
如何通过敦煌壁画洞察中外文化的交融？	敦煌壁画绘画临摹展	展览会	美术学科教师
如何获取更多音乐资源？	教师搭建音乐资源获取平台，包括教材上的作品以及从网络上下载和购买的音乐资源，供学生试听。	自主学习	音乐学科教师
古今丝绸之路发生了怎样的历史变迁，有着怎样的时代意义？	课堂教学、课堂实录	课堂学习自主学习	历史学科教师

为了确保资源的丰富性，可以借助社会支持，获取数量更多、质量更优的学习资源。例如，在《创演"上海说唱"》的项目主题学习中，教师借助学校德育部门组织的社会实践活动，引领学生走出学校，深入社会进行艺术采风。

又如，在《曲韵流芳：昆曲之美的发现之旅》项目主题中，教师积极申报并成功获取"昆曲进校园"的资源，邀请上海昆曲团的专业老师和演员在学校举办专题讲座，开拓学生的视野。

再如，在《音乐剧就在我们身边》的项目主题中，借助家长资源，师生拜访创作过大量经典音乐作品及音乐剧作品的金复载教授。金教授耐心地为孩子们一一答疑，精彩的访谈以网络课程的形式分享给更多学生，让未能亲临现场的同学也能从中受益，感受与大师交流所得到的启发和激励。

教师可鼓励学生主动寻找各种学习资源，培养自主学习和信息检索能力。例如，引导学生关注相关的艺术网站、社交媒体账号，订阅专业的艺术杂志，参加各类艺术工作坊和线上论坛等。通过这些方式，学生能够更加积极主动地拓展自己的资源渠道，不断丰富自己的知识储备和艺术素养。由于项目化学习具有探究性、创新性，且面对生活中的问题时具有复杂性，这就决定了项目化学习不能采用单一、统一的学习实践规划，教师需要依据问题、成果以及学生的实际情况做出灵活调整。正是因为有"活学"，才能实现知识的"活用"，进而达成素养目标的提升。

创意探索四、如何搭建学习支架优化项目

　　"学习支架"，顾名思义就是教师根据学生的需要，在适当的时机为学生提供帮助，正如搭建脚手架一样，在学生解决问题后教师撤去帮助，将学习主动权逐步转移给学生。最先将"支架"概念引入教育领域是美国心理学家伍德沃斯（Woodworth），他将"学习支架"描述为"同行、成人或有成就的人在另外一个人的学习过程中所施予的有效支持"。

　　维果茨基的社会文化学说也强调了"搭手架"（Scaffolding），认为儿童依靠成人的帮助搭建起学习的框架，这对儿童的认知与心理发展很重要。"支架式教学法"就是基于这一理论提出的。它是在学生现有知识水平和学习目标之间搭建一种临时性支架，为学生提供必要的支持和引导，帮助学生逐步攀升，跨越"最近发展区"，完成原本无法独立完成的学习任务。

　　"双新"背景下的项目化学习，要求学生能够独立或以合作方式构建问题解决的路径，在问题解决过程中不断进行知识迁移和知识建构，从而实现素养的提升。然而，当学生需要"勾一勾""跳一跳"才能实现学习目标时，学习支架的搭建就显得尤为关键。学习支架不仅能为学生提供必要的支持与引导，助力他们缩小现有能力与目标任务之间的差距，增加成功率，还能有效提升学生的学习兴趣与自信心。另外，通过不断接触和运用学习支架，学生能够逐步掌握解决复杂问题的科学方法，实现从依赖支架到自主运用方法的转变，真正提升解决实际问题的能力与学科素养。面对学生经常遇到的困难，如"对驱动性问题探究兴趣缺乏，怎样准确理解问题？如何与同伴进行高效沟通？怎样合理且科学地规划问题的研究？怎样破解项目化学习中出现的一个个难题？等"，与许多项目化学习研究者、研究团队一样，笔者也不断开展实践研究，创建、应用和调整各类学习支架，助力学生完成项目化学习中所遇到的挑战。

　　本章节以"如何搭建学习支架优化项目"为核心问题，结合音乐学科项目化学习的具体案例，从三个方面详细阐述对该问题的认识与理解，分别是：项目化学习中学习支架的深度解析、项目化学习中学习支架的分类与应用、项目化学习中学习支架的搭建策略。

一、项目化学习中学习支架的深度解析

　　教师在设计、搭建学习支架时，要考虑两个重要问题：学生是否需要这个支架？该支架是全部学

生需要，还是部分学生需要？这样既能为学生的探究提供引导，同时也可以让学生尽可能独立地思考和行动。

教师可以采用以下三个步骤帮助自己做出更为准确的决定：

（一）前期预测分析

确保项目顺利进行的一个核心要素是在策划阶段预见学生可能面临的挑战，并设计相应的学习支持措施。实现这一目标的有效策略是教师要站在学生的角度来审视项目计划。

依据教学经验以及对学生的深入了解——包括他们的优势、待提升领域、兴趣点以及可能遇到的难题，提前预判项目中哪些环节学生能够独立完成，哪些环节可能需要额外辅助。例如，在课程标准的学业质量中，六年级的学生已经掌握了运用乐谱进行音乐实践的能力，如"视唱简单乐谱，音高、唱名、节奏基本正确；听记简单的节奏、曲调，做到记谱规范，正确率高。"教师以访谈的方式了解到有学生在这部分学习中仍有困难，针对这些学生的需求，教师可以搭建学习支架，如"在学习平台上推送'微课'方式提供资源辅助"，给有需要的学生开展自主学习。在学习过程中，教师不能一味依据以往的教学经验提前搭建过多的学习支架。学生的成长速度各不相同，要通过学情分析了解每一届学生总体素养和能力，在需要的时候合理使用。

（二）过程观察追踪

在项目推进过程中，教师需要通过课堂互动、小组讨论、作业完成情况、学生访谈等多维度的观察，实时追踪学生对学习支架的使用情况以及他们在项目中的进展程度。

例如，利用《讨论记录单》这一"策略引导型学习支架"，组织学生通过小组讨论完成作品赏析。在观察学生使用学习支架的过程中，教师发现在讨论期间，开展积极思考的学生往往集中在一位或几位同学身上，许多学生则习惯于被动聆听，或者不愿意主动参与活动。这一现象提示教师需要进一步分析学生的参与度差异，探索如何优化调整学习支架，培育学生思维的主动性。

（三）后续调整优化

根据过程观察追踪中收集到的数据和反馈，教师需要对学习支架进行必要的调整和优化。以上文提及的《讨论记录单》为例，教师从三个方面对该学习支架进行优化：

其一，为《讨论记录单》新增一列，记录发言人和参与讨论的学生姓名，并向学生说明这将纳入学生的"过程性评价"。这样一来，学生在讨论时会更加认真投入，同时也能更清晰地看到自己在团队中的表现。

其二，每次讨论后的发言人由教师随机邀请，确保每位学生都有机会代表小组交流。这有助于调动全体学生的积极性，避免出现少数学生主导讨论的情况。

其三，设计名为《学习态度自查表》的评价量表[①]。项目结束时，学生通过自评的方式识别自己在团队学习中的思维活跃度，以反思和内省促进自我修正，不断提升自己在团队合作中的表现，增强团队协作能力和个人的学习效果。

此外，教师还可以将学生在成果展示中所暴露出的不足融入"调整优化"环节之中，以增强教学支架的针对性和有效性。以《探寻红色音乐的情感密码》这一项目主题为例，教师发现几乎所有小组在规划解决方案以及进行成果展示时，都是从历史角度深入挖掘作品的时代背景。这主要是在使用"策略引导型学习支架"时，引导学生做问题界定方面存在不足所导致的。教师可以进一步优化学习支架，明确问题的多维度探究方向，引导学生从音乐语言、音乐风格、文化内涵、情感表达等多个角度分析展示，从而使学生的研究更加全面和深入，提高项目学习的质量和效果。

二、项目化学习中学习支架的分类与应用

项目化学习常用五类学习支架助力学生面对挑战性问题，分别是：情境体验型学习支架、策略引导型学习支架、资源辅助型学习支架、互动交流型学习支架、评价反馈型学习支架。

（一）情境体验型学习支架

在项目执行过程中，教师需考虑如何有效地带领学生融入问题场景，尤其让学生体验到场景的真实感，并由此激发他们主动、热情、持久地完成项目的探究。因此，为了使学生能够深入地体验真实问题场景，教师需要搭建"情境体验型学习支架"，创建与学生日常生活紧密相连的实际情境，以此点燃学生的学习热情，带入各自的角色中，培育他们的社会责任感。此外，在项目起始阶段，这种学习支架还蕴含着发现问题的多种可能性，会激励学生去观察、发现和深思，进而协助学生将核心问题细化为多个子问题，拓展他们的思维广度。

（二）策略引导型学习支架

在项目实施阶段，学生需要针对真实且富有挑战性的问题开展深层次思考，完成解决方案的设计与实施。"策略引导型学习支架"主要功能是深化学生所学的知识，引导他们进行深层次思考，从而促

---

① 《学习态度自查表》详见本书下篇项目主题二《"献给最爱的人"线上音乐会》。

进思维的深化。例如，上文中提及的《探寻红色音乐的情感密码》项目主题，需要改进"策略型学习支架"，引导学生准确且多维度地描述问题，分析问题产生的原因，从哪些方面解决问题。这可以有效避免出现缺少对问题的深入分析导致浅薄的思考，最终可能无法有效解决问题的核心，甚至可能因为忽略了问题的关键因素而导致解决方案的失败。

（三）资源辅助型学习支架

在项目执行过程中，学生可能会遇到资源不足，导致项目难以推进的困境。为了协助学生顺利完成学习任务并达成目标，教师可以向学生提供相关辅助性学习资源，这包括但不限于网络资源、推荐阅读书目、学术文献索引和多样化的多媒体资料。此外，教师还可以提供与项目相关的其他资源，如社区资源、专家资源等，增强学生对学习内容的深入理解。

（四）互动交流型学习支架

在项目化学习的过程中，学生常以合作的方式完成对问题的探究。因此，学生之间、师生之间的沟通与分享不仅是至关重要的环节，而且合作交流的经历能够更有效地帮助学生获取成功所需的技能，以应对未来可能遇到的问题。

在讨论环节中，学生有可能会面临一些问题，比如偏离主题、闲聊过多或者未能营造积极的讨论环境。不仅如此，在合作环节学生也经常会由于缺少有效的交流技巧而产生矛盾，进而影响项目的推进。"互动交流型学习支架"的主要作用便是解决这些挑战，帮助学生掌握与同伴合作与交流的技巧，理解团队合作学习的价值所在，进而提升整体的学习效果。

（五）评价反馈型学习支架

在项目制学习的全部周期内，教师可以向学生提供自我评估和同伴评估的工具及机会。目的是帮助学生清晰地认识到他们在每个学习阶段的表现，评估行为与既定目标的差距，以及是否已经达成了最终的学习目标。通过这种方式，学生可以更好地调整自己的学习路径，保持积极的学习态度，明确学习的方向，激发自我反思与持续改进的动力。

例如，在《"献给最爱的人"线上音乐会》项目主题中，设计了一个名为《项目里程碑》的策略引导型学习支架，不但让学生清楚项目任务，更能引导学生思考项目的内在逻辑。评价量表则是对学生在完成《项目里程碑》过程中反映的项目推进情况、思维逻辑进行评价的工具。借助这个支架，学生可以更为清楚地认识到自己团队与其他团队优势和不足，进而促进反思，不断改进。

《项目里程碑》评价表

维　度	优　秀	良　好	合　格	需努力	师　评
过程性评价	完整且详细地记录每一个任务的完成情况；能够根据实际情况及时调整规划；能够按照调整过的项目规划书在每一个阶段都能完成一定数量的子任务，高效推动项目进度。	记录任务的完成情况；能够根据实际情况调整规划，有时候不是很及时；能按照项目规划书在每一个阶段完成一定数量的子任务，有序推动项目进度。	简单记录任务的完成情况，有时候有部分缺漏；没有能够根据实际情况调整规划；在每一个阶段完成一部分的子任务，拖延项目进度。	没有记录任务的完成情况；在每一个阶段都拖延了大部分的子任务，最终没有完成项目任务。	
总结性评价	详细记录公开的作品名称、展示形式、作品特色；能够按时且高质量地完成所有学习任务，且在作品评价中获得"优秀"或者"良好"的评价。	记录公开的作品名称、展示形式、作品特色；能够按时完成所有学习任务，且在作品评价中获得"良好"或者"合格"的评价。	填写的公开的作品名称、展示形式、作品特色有部分缺漏；完成所有学习任务，评价中获得"合格"的评价。	填写的公开的作品名称、展示形式、作品特色缺漏大部分内容；没有完成所有学习任务，评价中获得"需努力"的评价。	

综上所述五类学习支架，它们有助于"情境创设""问题探究""交流合作""资源提供""评价反思"等。这些学习支架并不是孤立存在的，而是可以相互结合，发挥协同效应。

三、项目化学习中学习支架的搭建策略

学习支架的搭建策略可以从入项、公布评价计划、开展学习实践以及成果展示四个方面具体分享。

（一）入项

为了让入项环节中创设情境、定义问题以及分工设角顺利展开，可以搭建"情境体验型学习支架""互动交流型学习支架"和"策略引导型学习支架"。

1. 情境体验型学习支架

在入项环节，情境体验型学习支架的目标是帮助学生找到"世界与我的联系"，明确学习的目标和价值，激发学习的兴趣和责任感。因此，教师可以用"求助式""提问式""邀请式"情境搭建支架，借助视频播放、文本阅读或者环境布置等方式让学生进入问题的情境中。《为"何以大先生"课本剧配乐》项目主题就是搭建"求助式"的情境，以教师口头讲述的方式呈现：

最近我们参加了"何以大先生"行读华夏主题实践活动，研读了鲁迅先生的名著，实地走访了鲁迅小道、内山书店、鲁迅纪念馆，探寻鲁迅先生的多重身份，进而理解他作为"觉醒者"的呐喊。三周后我们将在学校五楼大礼堂举行"行读华夏"实践活动成果展示会，包括三个内容：微论坛、微沙

龙和课本剧。课本剧正在紧锣密鼓地排练着，但是课题组老师遇到了一个难题，怎样为这部课本剧配上合适的音乐。他们将这个难题交到了我们同学们手上，为"何以大先生"课本剧配乐，让戏剧表演更加地生动，更具有感染力和表现力，是我们一起要解决的驱动性问题。

《曲韵流芳：昆曲之美的发现之旅》项目主题搭建了"问题式"的情境，以教师拍摄的一段视频方式呈现。教师亲赴上海昆曲团，邀请专业演员现场演绎经典昆曲《牡丹亭》中的唱段，演员向学生提出本次项目化学习探究的问题："作为世界非物质文化遗产，有着六百多年历史的昆曲究竟美在哪里？"

《丝路传奇·艺术之旅》项目主题搭建了"邀请式"的情境，以网络媒体方式把学生带入到"一带一路"沿线，看到一列列装满货物的火车从中国出发，通达欧洲25个国家，200多个城市。邀请学生化身为文化使者，探索沿途经过的各国、各地区和各民族独特音乐文化。

2. 互动交流型学习支架

互动交流型学习支架能够有效解决学生在分组和合作时遇到的困难。这类支架常以"表格呈现""解释说明"的方式帮助学生明确职责，并根据自己的特长和兴趣组成互补小组，结合任务需要进行合理分工，为后续项目的顺利开展奠定基础。以《我（们）和大海的故事》项目主题为例，在"分工设角"环节，教师就PPT上呈现的"各个岗位职责表"解说。

每组人数：5—6人

岗位：组织能人、配乐大师、文学名家、讲故事达人、电脑技师。

岗 位	目标与责任
组织能人	愿意负责团队的组织管理和领导工作，在这个过程中提升自己规划、协调、沟通能力的同学。
配乐大师	愿意负责项目任务中与音乐相关工作，在这个过程中展现音乐才能，提升音乐鉴赏能力的同学。
文学名家	愿意负责项目任务中与文字相关的编辑和撰写工作，在这个过程中提升自己创作能力的同学。
讲故事达人	愿意负责项目任务中"讲故事"工作，在这个过程中提升自己表达能力的同学。
电脑技师	愿意负责项目任务中"与信息技术"相关的工作，在这个过程中展现自己的才能，提升用技术在音乐表现领域中应用能力的同学。

对于初次尝试分组的学生，这类支架尤其有用。当学生积累了一定的分组经验，学习支架就可以撤除，由学生自主设计岗位分工。

3. 策略引导型学习支架

这类学习支架常以"对问题的界定与分析"方式呈现，采用"绘制思维导图""设计问题链"等方式帮助学生梳理出清晰的问题解决思路，进而顺利完成项目的方案设计以及实施过程的规划。《探究红色音乐的情感密码》项目化学习中所遇到的问题，就可以在入项环节搭建策略引导型学习支架，以"从哪些角度探究红色音乐的情感密码？"问题为中心，向外逐步拓展，完成思维导图绘制，帮助学生全面且系统地思考问题。以下是某小组绘制的一份思维导图：

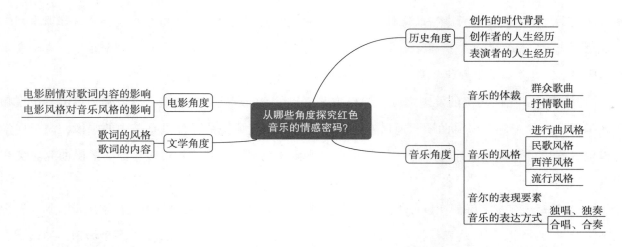

面对一些复杂问题，还可以借助"苏格拉底式问题研讨法"，不断向学生提出富有思考性的问题，促进学生思考。再将思考的结果用"思维导图"这种可视化的工具展现出来，进一步理清问题探究的思路。在《丝路传奇·艺术之旅》项目化学习的入项环节，教师则采用了该学习支架，引导学生完成对问题的界定。

"思维导图"着重于培育发散性思维，"问题链"则强调呈现出对问题理解的逐层深化，最典型的就是子问题之间呈现出"递进"关系。用这种方式解析问题，有助于解决问题和完成任务方式和路径的规划。比如在《我（们）和大海的故事》项目主题中，解决"如何为"我（们）和大海的故事"选配一首合适的音乐？"的核心问题时，以"问题链"方式搭建起"策略引导型学习支架"：

① 我（们）和大海之间有怎样的联系？如何通过"讲故事"的方式表达？

② 这个故事描绘了怎样的场景，传递了怎样的情绪，表达了怎样的情感？

③ 如何准确感知、分析音乐所描绘的场景、传递的情绪和表达的情感？

④ 如何将故事与音乐相结合，更好地传递情绪和表达情感？

⑤ ……

（二）公布评价计划

如果学生是初次开展评价，或者首次接触项目中某一个评价量表，教师可以搭建"评价反馈型学习支架"，以范例及解释说明的方式帮助学生明确努力的方向和目标。《我（们）和大海的故事》项目主题是进入初中阶段学生第一次开展项目化学习，也是他们第一次阅读评价标准、理解评价方式，所以教师就"评价量表"进行解说。

（三）开展学习实践

在学习实践实施中，根据学生的需要，可以搭建"策略引导型学习支架""互动交流型学习支架"

和"资源辅助型学习支架",助力学生在问题探究过程中整合各项资源,以独立或者合作协作方式实现知识的建构,完成项目成果。

1. 策略引导型学习支架

项目化学习本质上属于"问题式"学习方式,所以在整个学习实践过程中,"策略引导型学习支架"发挥着较为重要的作用。这类支架常常以"启发性的问题"的形式呈现,结合不同的学习内容,采用"问题链""导学单""流程图"等学习工具引导学生对问题进行深入探究,运用所学知识完成任务,最终形成高质量的成果。例如,在《我(们)和大海的故事》项目学习中,教师以"5W1H"(六何分析法)①设计了一份"**问题链**",课堂上以连续提问的方式促进学生的主动思考:

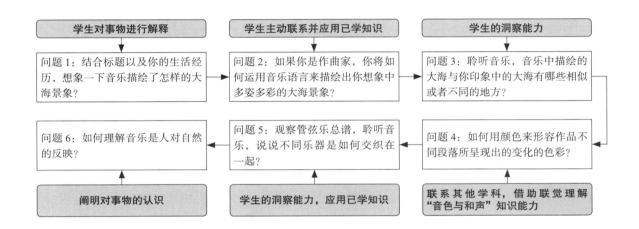

教师也可以根据不同的学习内容,使用"苏格拉底式问题研讨法"设计问题链,从"是什么""为什么""还有呢""所以呢"为基本框架来设计问题链。

"**导学单**"常以填空、选择、简答等形式引导学生对问题展开深入思考,逐步实现知识建构的目标。如,欣赏《采桑子·重阳》时设计的导学单,引导学生把"音乐表现要素"与歌词所表达的内容与情绪联系起来。

导 学 单

聆听歌曲第一乐段,解决以下问题:

学习人:			
	旋律起伏	歌 词	情 绪
第一乐句		人生易老天难老	
第二乐句		岁岁重阳又重阳	
第三乐句		战地黄花分外香	

---

① 5W1H(六何分析法)通过六个基本框架:何时(When)、何地(Where)、何人(Who)、何事(What)、为何(Why)以及如何(How)思考问题。

又如,在《创演"上海说唱"》项目主题中,教师设计了导学单,引导学生在支架指引下分析一首经典作品,进而学习并掌握唱词创作的方法。

《故事框架解构》导学单——创演"上海说唱"

年级:_____ 班级:_____ 组员姓名:_____

作品名称						
故事框架结构	段落	主要内容	叙事方式	叙述的节奏	设计内容	表演形式
	第一段					
	第二段					
	第三段					
	第四段					
	……					

"流程图"是一种用于表示解决问题流程的图形化工具,可以帮助学生更好地理解和分析问题,从而找到问题的解决方案。通常包括描述解决问题的步骤、问题描述、原因分析、解决方案、实施计划等。以下是《探寻红色音乐的情感密码》项目学习时,某七人小组绘制的问题解决流程图:

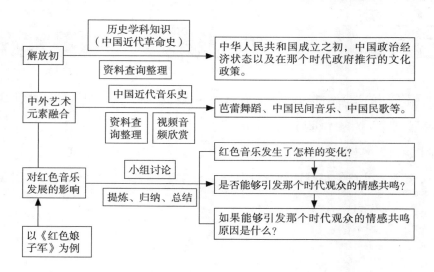

问题解决流程图是一个动态的流程图,随着研究的深入,会出现许多与原先设想不同的情境。所以它不是一个确定的方案,更多地呈现了学生对于问题解决的思考过程。

2. 互动交流型学习支架

如前文所提及的优化调整后的《讨论记录单》。它不仅仅是策略引导型支架,还是互动交流型学习支架。

课堂讨论记录单——抒情歌曲的典型特征

小组名称：_____ 小组成员：_____

与熟悉的群众歌曲相比：		发言人
1	从歌词角度，分析它们的差异。_____	
2	从曲式结构角度，分析它们的差异。_____	
3	从速度与力度角度，分析它们的差异。_____	
4	从_____角度，分析它们的差异。_____	

备注：请记录每个问题的主要发言人。

　　该支架可以结合"评价反馈型学习支架"——《学习态度自查表》，引导学生积极地参与讨论，清晰地记录观点及交流过程，同时自我反思学习态度，不断改进和提升学习效果。通过这种多类型学习支架的有机结合，为学生营造了一个更加丰富、有效的学习环境，促使他们在交流与反思中实现知识的深化和能力的发展。

3. 资源辅助型学习支架

　　这类支架可以采用线上或者线下等形式，常通过"资源库""专家指导"等方式为学生提供必要的资源。例如，在《创演"上海说唱"》项目的学习实践中，教师通过创建"线上音乐库"，将自己收集的江南地区较为经典、流传度较广且朗朗上口的民间小调的音频与乐谱分享给学生，方便学生为撰写的唱词选配合适的音乐。在该项目作品修改阶段，教师借助学校资源，联系上海滑稽剧团的专业演员，以线上会议的形式给学生的创作提出改进建议。会议中有同学负责记录，并把会议记录转发给所有组员。

专家指导记录单

小组名称			
小组成员		记录人	
记录专家提出的问题和改进的建议：			
			年　月　日

　　教师不仅可以提供学习资源，也可以鼓励学生主动寻找并与同伴分享资源。通过这种方式，学生能够拓宽自己的视野，接触到多元化的文化。

（四）成果展示

在成果展示环节，教师可以搭建"情境体验型学习支架""评价反馈型学习支架"。通过创设生动真实的展示情境，让学生身临其境地感受成果展示的重要性和影响力。同时，多元评价的方式不仅能为学生提供专业的指导和建议，帮助他们明确改进的方向，还能促使自我反思，发现自身的优点和不足，从不同的视角看待自己与他人的学习成果，实现相互学习和共同进步。

1. 情境体验型学习支架

这类支架发挥着"模拟场景"的作用，常以"环境布置""舞台搭建"等方式把学生带入真实角色中。例如，在《丝路传奇·艺术之旅》项目主题的成果展示环节，教室可以布置成列车主题（见下图），座位摆放模拟列车车厢形态。墙上张贴古今丝绸之路具有代表性的人文风貌，黑板上粘贴"开往春天的列车"行驶线路图，标注学生们即将分享的音乐文化所在地理位置。这种布置旨在营造逼真的成果展示环境，自然地将学生带入"文化使者"的角色中，激发学生参与的热情。

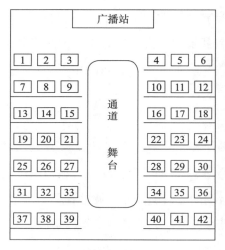

座位摆放图

2. 评价反馈型学习支架

这类学习支架主要以填写、获知、认可"评价结果"的方式，促进学生对自身学习过程进行反思与改进。比如，教师可以利用在线评价系统，学生及时填写并获取评价结果，直观地看到自己在各项指标上的得分和综合评价。

此外，以可视化的图表形式呈现评价结果，下面的图表展现了各个班级在《"献给最爱的人"线上音乐会》的成果评价结果。

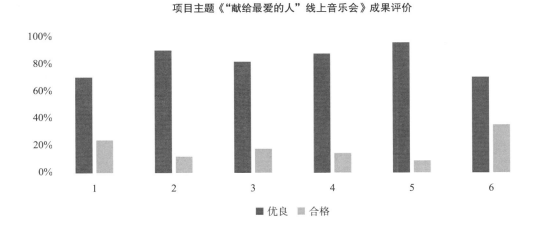

项目主题《"献给最爱的人"线上音乐会》成果评价

　　教师通过对这一评价结果的分享、解读，让学生更清晰地认识到自己班级在年级中的整体表现，促使他们明确班级的优势与不足，激发集体荣誉感，有助于形成积极向上、团结奋进的良好学习氛围。

创意探索五、如何运用组织策略管理项目

与传统课堂相较而言，项目化学习在学习时长、学习内容以及组织形式等方面都是有自己的特点。就学习时长而言，项目化学习的周期偏长，以初中阶段音乐学科为例，每周有1课时，完成一个项目通常需要4—5周的时间，挑战性稍大的项目则需6—7周。在学习内容方面，项目化学习涵盖问题探究，完成具有挑战性的任务，对创作的作品予以修改和展示。在组织形式上，项目化学习是以团队合作方式展开学习实践，强调以学生为中心，学生具有发言权和选择权。

鉴于这些特点，教师会遭遇传统教学中未曾出现的问题，例如：学生团队的项目进程缓慢、拖沓，无法按时完成成果展示；学生学习的激情很快消退，无法维持长时间的学习热情；团队成员缺少积极的工作态度和高度的责任心等等。这就要求在项目化学习进程中运用合理的组织策略，如进程管理策略、活动组织策略、团队管理策略。教师采用有效的工具，整合学习支架，对项目流程进行系统且有序的组织，让整个项目结构更趋合理，最终高效达成预期的学习目标。本章节探讨三个问题：如何运用有效的进程管理策略实现项目进程的有序推进？如何运用有效的活动组织策略培养学生的思维活跃性？如何运用有效的团队管理策略促使团队良好协作？

一、进程管理策略

由于项目化学习时间进程较长，需要完成的子任务也较多，因此，学生容易在这个过程中产生懈怠的情绪。如果学生对于项目规划没有清晰的认识，就会造成学生忘记项目推进中要完成的任务，无法合理分配精力和时间，容易导致项目混乱、进度拖延，无法达到预期的学习效果，从而丧失对项目化学习的信心和兴趣。

因此，有效的进程管理策略对项目化学习而言相当关键，如"拟定项目规划""展示项目里程碑""记录阶段性学习日志"等。这不但有助于小组中每一个学生明确项目的进程和自己要完成的任务，还能够让教师对各小组的学习过程进行有效监督和指导，从而保障项目的顺利推进。

（一）拟定项目规划

项目规划书是一种用表格方式呈现问题解决的计划书。与问题解决流程图相比，它展现出学生对于问题研究更为深入、周到的思考，也显现出更稳定、可执行性的特点。

当各个小组在入项环节完成了对驱动性问题的界定、分析和解构后，通过讨论，确定本组问题探究的角度、成果展示的形式、希望达到的目的以及项目实施时具体的规划。

以下是九年级某班六人合作小组的项目规划书：

项目名称：非遗——中国古琴艺术推广活动设计方案

设计的活动名称："古琴越千年，申园乐飘扬"

问题探究的角度：

从上海"申园琴会"在历史进程中形成、发展的角度，研究古琴艺术产生的音乐价值和社会价值，阐述它在丰富人们的精神生活以及文化传承上起到的作用。

设想成果展示形式："地铁特色展板布置"

找到在上海和古琴有关的地点（初定于"申园"，今愚园路235弄新华园），在邻近的地铁站或公共区域（初定静安寺地铁站），以"展板布置"的形式呈现研究成果，实现非遗推广的目标。相较于广告栏投放，展板布置前期投入较少，是一种性价比较高的推广方式。

希望达到的目的：

① 从一个比较新鲜的视角介绍古琴艺术，把对古琴的认知与城市发展、历史变迁相结合，能够引起更多人群的好奇心以及探究的兴趣。

② 成果以展板的形式呈现，能够给人们带来视觉上的冲击，使得更多人在展板前驻足欣赏。

③ 展示地点放在静安寺地铁站，一是因为人流量较大，且相当多的人群是住在周边的居民或者在附近工作，展板内容蕴含的地域特色能够满足周边人群对区域文化的情感共鸣需求，而且来自各地的游客也能借此了解上海该区域的独特人文风貌，进一步提升人们对非遗艺术的关注。

项目具体规划		
时 间	**计划的项目进程**	**计划完成的子任务**
第一周	探究问题1： 上海"申园琴会"形成、发展以及后期缺少社会关注的原因是什么？	借助图书馆、网络，以"上海、古琴、琴会、申园"等为关键词，收集、整理和分析资料。
第二周	探究问题2： 参与琴会活动对于当今生活在上海的人来说，有怎样的吸引力？	以"焦虑的状况""焦虑产生的原因""解决焦虑的愿望"三个维度设计问卷，了解生活在上海的人们焦虑情绪的现状、引发的原因以及他们希望获得的纾解方式。通过问卷的发送、回收和分析，找到"古琴艺术在当代传承与发展的价值与功能"。
第三周	探究问题3： 如何使得展板上呈现的内容是具有吸引力的？	撰写展板上的文字，拍摄或者收集相关图片进行展板设计，使其在视觉效果上生动且美观。
第四周	成果展示	撰写推广活动设计方案，制作方案PPT，能够生动流畅地介绍推广方案。

项目规划书展现的是初始规划，是学生针对预想到的问题、期望完成的成果所设计的解决方案和任务规划。它能够为该组的学习确立大致方向，确保不偏离学习目标。在实际的学习过程中，学生们

常常会遇到一些未曾预料到的问题，比如资源短缺、技术难题、团队成员变动，又或者对问题探究有了新的设想等。这时，就需要依据实际情况对规划进行及时且合理的调整，甚至需要重新设定部分目标，以适应新的情况，保障项目的顺利推进。

（二）展示《项目里程碑》

《项目里程碑》是能够引导学生进行有效时间管理、及时呈现任务进程，并清晰展现出整个项目实施历程的组织策略。教师可以用表格的形式将《项目里程碑》展示在"项目墙"上。项目墙是一块专门用于展示项目相关信息的区域，它可以是教室中的一面黑板，或者是专门设置的展示板。随着信息技术发展，也可以用"电子白板"的形式滚动地出现在学习平台上。通过在项目墙上展示《项目里程碑》，学生能够直观地了解项目的阶段目标和时间安排，明确自己在每个阶段的任务和责任，从而更好地规划管理自己的学习时间和任务进度。同时，项目墙也为学生提供了一个交流和分享的平台，促进各组之间相互学习与协作。教师除了组织学生定期更新项目里程碑的完成情况外，还要对学生的表现进行及时的反馈和评价，以此激励学生保持探究的热情，保证项目高效推进。

下面展示的是八年级某班六人合作小组在项目主题《曲韵流芳：昆曲之美的发现之旅》中填写的《项目里程碑》：

项目里程碑

小组成员：

里程碑1 入项活动	里程碑2	里程碑3	里程碑4	里程碑5 公开作品
填写《项目规划书》《团队协议书》和《任务分配书》	收集与选定探究问题的角度相关的文献及媒体资料，随后对这些信息展开整理、阅读与分析工作，进而提出针对该问题答案的猜测。	实地走访朱家角课植园，观看实景昆曲演出，完成现场观察、采访工作人员和路人的任务，用视频拍摄的方式记录所见所闻。	撰写文稿，编配音乐，完成视频制作。	介绍小组探究的过程，分享成果（视频）。
解决的关键问题	**解决的关键问题**	**解决的关键问题**	**解决的关键问题**	**解决的关键问题**
确定小组开展问题探究的角度："探寻昆曲与江南园林之间有哪些共通的审美意蕴。"	从历史角度，分析两者兴起、发展和繁盛的原因。	从审美角度分析两者的特征，从中找到它们对美的追求和表达的共通性，挖掘中华民族共有的审美偏好。	如何根据所要表达的内容，对视频素材进行剪辑和美化，用视频媒体的方式展示对昆曲艺术的认识与理解？	如何用语言表达的方式，准确、生动地介绍在探究过程中的收获？
完成时间	**完成时间**	**完成时间**	**完成时间**	**完成时间**
12月5日—12月9日	12月10日—12月16日	12月17日—12月25日	12月26日—12月30日	1月2日
过程性评价	**过程性评价**	**过程性评价**	**过程性评价**	**总结性评价**

备注：教师依据评价量表（见《项目里程碑》评价量表）在每一个阶段"过程性评价"和"总结性评价"框中给与评价（优秀、良好、合格、需努力）评价。

（三）记录阶段性学习日志

阶段性学习日志能够帮助学生控制项目进程，开展阶段性反思，及时调整项目研究的进程，对于不断出现的新问题，能够提出解决方案。记录阶段性学习日志不仅能够有效推进整个项目的学习进程，还能培养学生发现问题以及灵活解决问题的能力。

以下是九年级某班四人小组在《非遗——中国古琴艺术推广活动设计》项目完成的学习日志：

项目名称：古琴艺术推广活动设计
我们小组设计的活动名称：用科技"秀"文化，"琴凡"古琴艺术宣传活动企划
小组成员有：（班级学号即可）20b

本周我们做了哪些事，这些事情是哪些人完成的：	任务1：查询相关资料，确定宣传主题和角度	完成人：袁子沁（下周）
	任务2：根据资料撰写邀请函文字稿，绘制部分插图	完成人：/
	任务3：合成邀请函	完成人：/
	任务4：设计公众号和游戏	完成人：/

周起始日：1.14　我们做的不错的地方：▷邀请函文字稿和插图的制作
　　　　　　　　　　　　　　　▷邀请函的合成和修饰

本周感受：真正地深入了解了古琴艺术后我更会有一种责任、使命感去任承博大精深的古琴文化，也爱上了古琴文化。

我们遇到的问题：
▷古琴艺术太过广远，不能全部有组
▷公众号和游戏需要投资人

问题是否得到了解决（有怎样的设想？）：
▷选择了小的切入点和角度，小角度大介绍
▷设计了最基础的蓝图

某学生完成的每周学习日志

"记录阶段性学习日志"进程管理策略可以搭配"策略引导型学习支架"。教师应及时引导学生调整学习方式学习路径，高效推进项目进程，从根本上解决项目进度拖沓、学习热情消退的问题。

二、活动组织策略

学生能否高效解决问题，受诸多因素影响，包括学习态度、学习时长以及学习资源等，其中思维能力是关键要素。因此，培养学生的创新能力，离不开对其思维能力的培育。

在项目实施中，教师所期望出现的思维碰撞常常会流于形式。如在小组讨论时，热爱表达或者性格外向的学生常会频繁发言，由此逐渐形成一种固定的交流氛围，少数人表达想法，多数人沦为"听众"，甚至部分人游离于讨论主题之外。在讨论过程中，教室里虽人声鼎沸，看似热闹非常，但究竟是否人人都参与了话题讨论？学生到底在讨论何内容？是否与题目相关？往往无人知晓。

因此，可以通过一些有效的活动组织策略，如"滚雪球""鱼缸会议""循环问诊"等促进学生思维的活跃度，进而逐步提升其思维能力，实现深度学习的目标。

（一）滚雪球

"滚雪球"这个名字生动地描述了活动组织方式：学生先进行独立思考，再扩大到两个人、四个人、八个人一组进行思想上的碰撞……教师给每个学生有效思考的时间和空间，释放创意。笔者常在入项探索环节使用"滚雪球"方式培养学生的发散性思维。例如，在九年级《非遗——中国古琴艺术推广活动设计方案》项目之初，教师设计了两个问题：关于古琴，你知道哪些？你还想要知道哪些？课堂上教师组织学生围绕这两个问题开展"滚雪球"活动，学生互动的结果可以通过 KWL 表格、思维导图等"可视化"工具呈现。这样的组织策略既能够使每一个同学拥有独立思考的机会，也能够让学生逐步养成在交流中展开思维碰撞的习惯。

（二）鱼缸会议

鱼缸会议是群体共通交流、分享、诊断的活动组织策略。参加鱼缸会议的成员围坐在一起（如下图所示），一位同学被邀请进入圈中，他的角色是"鱼"，首先进行发言，然后接受来自其他成员用专家思维提出的有利于发展和提升的质疑和建议，"鱼"则至始自终不能发言，只能倾听他人给予的建议和意见。

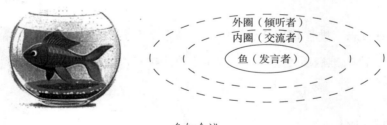

外圈（倾听者）
内圈（交流者）
鱼（发言者）

鱼缸会议

例如，六年级某小组在《中华优秀传统艺术展演之江南音乐风景》项目化学习的"形成和修订成果"阶段，带着他们完成的成果参加了鱼缸会议。首先"鱼"介绍了小组学习成果：

我们聆听了许多江南丝竹乐体裁的音乐作品，其中有一首《行街》是小组成员聆听后认为音乐形象比较鲜明的一首器乐合奏曲，旋律变化不大，且围绕一个主题旋律不断发展，速度由慢到快，把人们从一种悠闲的情绪带入到热闹喜庆的环境中。器乐音色也以比较细腻、音量不大的丝弦乐器为主，如琵琶，扬琴等。

选自：北京月光民族乐团演奏版本	画　　面
0'00"—0'23"引子部分	选用一些空景画面，如流水，柳条，天空晴朗等。
0'23"—1'05"A段（慢速）	一家三口，或者一家五口畅游在江南山水间。
1'05"—1'15"过渡段（渐快—渐慢）	加入一些自然界的生物，让画面更为丰富。
1'15"—3'05"A'段（慢速）	从游览者的视角去展现江南美景。
3'05"—6'19"B段（渐快—快速）	这里是一些比较热闹的场景，人比较多。

听了发言者的讲述后，内圈的鱼缸外的"专家"依次提出了建议：

专家①：此方案非常吸引人，但图片较难展现音乐画面，可以用视频方式呈现。

专家②：江南地区有许多地方可供选择，如果把镜头对准身边的美景，可能更会引发大家共情。

专家③：我听音乐时，脑海中闪现的是和家人在热闹的豫园看灯的场景，建议结合音乐挑选类似的场景、收集素材。

鱼缸会议优点是培养"鱼"倾听的习惯，有益于班级中形成一种"宽松、民主、和谐"的沟通氛围。这一策略常用于项目推进进程中"建议与修改"阶段，既有助于提升成果质量，又能培养学生的批判性思维。

（三）循环问诊

"循环问诊"也是常见的活动组织策略。流程为A小组的一名介绍员到B组介绍，B组到C组，C组到D组，以此类推。得到其他小组组员建议后回到本组进行反馈，及时改善和修改。循环问诊优点是能够接受不同小组的更多角度的建议和观点，碰撞出更多的思想火花。

教师可以将"鱼缸会议"与"循环问诊"结合起来，名为"循环式鱼缸会议"策略（见下图）。在鱼缸会议室不动的情况下，不同小组选派出的"鱼"按照固定方向从一个会议室走向另一个的会议室。这样既能发挥"鱼缸会议"的诊断功能，又能利用"循环问诊"多轮交流的优势，让思维随着"鱼儿的游走"飞快地转动。

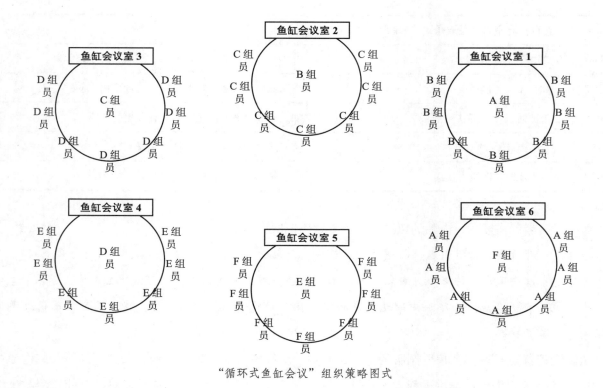

"循环式鱼缸会议"组织策略图式

教师也可以把"鱼缸会议""循环问诊"等活动组织策略与"情境体验型学习支架""互动交流型学习支架"相结合，引导学生进入不同角色，记录并分享思维碰撞的过程，逐步提升批判性思维与创意思维能力。

三、团队管理策略

团队是由一个个不同的个体组成，每个人都有各自的价值观和目标，也有着独特的表达和解决问题的方式。有些人可能比较关注自身的利益，而有些人则注重团队的成功。如今大多数学生都是独生子女，极少有与同伴进行深度交往的机会，因此学生往往缺少合作与交流的技能。这些因素都会给团队合作带来一定的困难。因此，在多次项目化学习的自评与互评、采集和分析数据后发现，学生遇到的最多问题是如何交流与合作。许多同学会产生这样的抱怨："在这个项目中，我几乎完成了所有任务，但我的分数却低于其他人""某位同学没有履行他的职责，导致我不得不熬夜完成他应该做的工作"、"在小组讨论时，总有人闲聊，这严重影响了讨论的效果"等等。

因此，教师可以采用"规则类"的组织策略，如"签订团队协议书""填写任务分配书""完成倾听与表达评价表"等，帮助学生学习逐步掌握倾听与交流的技巧，提升合作能力，培养规则意识和责任担当，营造积极向上、和谐共进的团队氛围。这不但能助力项目的顺利完成、成果的优质展示，也能为学生成功的未来奠定坚实基础。

（一）签订团队协议书

"团队协议书"是一种行之有效的规则策略。学生通过共同讨论的方式，自主制定团队合作的规则，并以签订团队协议书的形式，与所有成员达成共识。由于小组合作规则均是成员们依据以往的合作经验拟定的，并且每一次的规则都在合作中出现的问题基础上进行了持续不断的优化和完善，于是便生成了协议书的各个版本，例如基础版、进阶版、高级版等。这些不同版本的团队协议书，适应了不同阶段和复杂程度的合作需求，为团队的高效运作提供了有力的保障。以下是七年级某班三人小组制定的《团队协议书》：

团队协议书

团队名称：**苏杭美景甲天下**

经小组成员约定，本着合作、平等、互勉、共同进步的原则订立本协议。

团队成员：

_____

合作准则：

第一条：无特殊情况不得缺席全体讨论会，特殊情况须向组长提前说明。

第二条：讨论期间至少提出一条建议或文字稿，多多益善。有意见马上提出，不表态的默认同意。不提出自己的想法的，在评价中适当予以扣分。

第三条：遵守各自的职责，不玩忽职守，不推卸责任，有疑问向组长提出，特殊情况不能及时完成任务的，提前向组长提出申请，由剩余组员分摊工作，并将其他合适的工作转换给这位组员。

第四条：如有修改意见尽快向组长提出，由全体组员投票通过，两人以上同意（可投弃权票）则通过，并加入协议。任意组员（包括组长）不具有一票否决权，但可提出重新投票要求，若第二次投票结果同上一次，则不再进行更多投票。

如果小组成员违反我们的共同约定，可以召开团队会议要求这位成员遵守约定。如果这位团员依旧没有做到，在80%组员一致赞同下，可以向老师申请不予赋分。由于本小组有三个组员，所以任何约定两人同意即视为通过。

团队成员签名：

日期：

在以上"合作准则"的第二条所提到的"交流与倾听"规则，正是学生将曾在学习实践中使用的策略引导型学习支架《讨论记录单》灵活应用于规则的制定和实施之中，这充分体现了"活学活用"的教学策略。

（二）填写任务分配书

任务分配在合作探究阶段是一个较为重要的环节，其作用是将问题流程图以及项目规划书的设计真正落实，涵盖时间、子任务、责任人等方面。这不但能够保障项目的有效推进，更为重要的是能确保每个人都参与到项目学习中，促进他们知识与能力的增长，让每一位成员在团队合作中获得存在感，收获成就感，进而激发学习内驱力。

项目驱动性问题：寻找打开"红色音乐情感密码"的钥匙

项目主题：（小组探究的子问题）由旋律特点引出对影响人生理和心理的要素的研究

小组成员：毕佳琪、黄子沁、孔年寒、潘悍丰、吴籽言、窦子烨

	具体任务	负责人	完成人（可多人）	开始时间-完成时间
1	搜集不同种类、年代、风格的红色音乐	吴籽言	吴籽言	（10.4）—（10.6）
2	结合乐理知识归纳总结红色音乐的旋律特点	毕佳琪	毕佳琪	（10.6）—（10.8）
3	设计问卷	黄子沁	黄子沁	（10.8）—（10.10）
4	设计采访（生命科学老师）的提纲	潘悍丰	所有人	（10.8）—（10.10）
5	查阅资料采写创作背景、预期和最终效果	潘悍丰	潘悍丰	（10.4）—（10.7）
6	分析问卷数据、采访所得答案、资料	孔年寒	孔年寒	（10.14）—（10.16）
7	提炼内容合成PPT/最终报告	窦子烨	窦子烨	（10.16）—（10.23）

八年级某小组任务分配书

教师应当在初次组织填写任务分配书时提示学生，一是紧紧围绕着驱动性问题的解决；二是需要考虑到组员的能力和兴趣；三是需要用"可操作性语言"描绘，便于组员操作。

（三）完成《倾听与表达》评价量表

《倾听与表达》评价量表的制定和运用，旨在以评价的方式引导学生运用评价认识自身的优势和不足，进而更好地掌握交流与倾听规则，并开展合作。

这类组织策略可以在项目化学习实施的入项环节出现，通过对评价量表的阅读和理解，帮助学生明确倾听与交流的规则。同时，还能通过对评价量表的案例分析，引导学生认识到掌握良好的倾听和表达能力对于合作以及高质量完成项目的重要性，从而促使学生改进和提升。

以下为《倾听与表达》的评价量表范例：

维 度	优 秀	良 好	合 格	需努力	自 评	互 评
倾 听	能够仔细倾听别人的观点，能用积极倾听的姿态，如微笑、点头、眼神注视等姿态回应自己对倾听内容的理解。	倾听时，大多数时间能够保持专注倾听，偶尔可能会因为分心而错过一些细节。给予简单的动作或口头上回应。	能够倾听别人的观点，但经常需要重复或请求澄清以确保理解。偶尔会给予一些回应，但不够一致或不够及时。	经常分心或打断他人，难以持续关注他人的观点和想法。极少给予回应，使得发言者感到被忽视。		
表 达	能够有效地与其他小组成员互动，既能尊重他人观点，又能够适时提出自己的见解；能用生动的语言、自信的态度、坚定的语气和适当的肢体语言表述自己的观点；提出的观点具有较强的逻辑性，易于理解。	能够与小组成员进行互动，但不够主动或不够频繁；在大多数情况下能够自信表达，但有时较为犹豫或不够坚定；能够表达自己的观点，但有时不够清晰或缺乏表述逻辑性。	在小组讨论中参与度较低，通常只在被直接询问时才会发表意见；在表达时不够自信；提出的观点较为表面，缺乏深度和详细的分析。	几乎不与小组成员互动，很少或从不在小组讨论中表达自己的观点，即使被鼓励后表达，也是缺乏自信；提出的观点常常空洞无物，缺乏具体内容和依据。		
分 工	能够清晰地理解并承担自己的任务，同时对团队其他成员的分工有明确的认识。	对分工有一定的理解，能够承担自己的任务，但有时需要他人提醒或指导。	对分工有一定的认识，但对自己的任务或团队其他成员的分工不是很清楚。	对自己的任务或团队其他成员的分工缺乏清晰的认识，经常需要他人指导。		
合 作	在团队中展现出卓越的合作精神，能够有效地与队友沟通和协作，共同推进项目进展；不仅完成自己的任务，还能主动帮助他人或提出改进方案；面对合作中的困难和挑战，能够积极寻找解决方案，减少团队冲突，提高团队效率；对本次项目的成果有显著的贡献。	在团队中展现出良好的合作精神，但有时不够主动或在沟通上有所欠缺；在团队中表现出一定的主动性，但只在自己任务完成时才会帮助他人或提出建议；面对合作中的困难，能够寻找解决方案，但有时需要他人的帮助或指导；对项目成果有一定的贡献。	在团队中展现出基本的合作态度，但在沟通和协作上存在一些障碍；在团队中表现出一定的主动性，但只在被要求时才会帮助他人；面对合作中的困难，需要他人的帮助才能找到解决方案；对项目成果有一定的贡献，完成任务的质量上存在一些不足。	在团队中合作能力较弱，经常导致沟通不畅或协作困难；在团队中缺乏主动性，很少帮助他人或提出改进方案；面对合作的困难，很难找到解决方案，经常需要依赖他人。对项目成果的贡献不多，完成任务的质量不高。		

下 篇
案例与解析

下篇的案例与解析将聚焦2024年9月在上海市使用的由上海音乐出版社出版的义务教育五·四学制音乐教科书六年级第一学期的四个单元，精心选用教材中的教学素材，并依据新课程标准要求，设计了《我（们）和大海的故事》《"献给最爱的人"线上音乐会》《丝路传奇·艺术之旅》和《乐舞声韵》这四个项目化学习主题。

每个项目主题均由项目启动、项目规划、项目实施和项目反思四个板块构成，且在每个项目之后都附上了学习工具以及一份教学案例，供老师们参考。期望这部分内容能够为广大教师提供具有实践指导价值的教学案例，助力教师优化教学实践，提升教学效果。

项目主题一、《我（们）和大海的故事》

涉及教材	上海音乐出版社义务教育教科书（五·四学制）艺术·音乐 六年级上册　第一单元　蔚蓝之海
适用年级	六年级
涉及学科	学科项目（音乐）
总课时数	6 课时

一、项目启动

（一）选定主题

1. 教材分析

第一单元选取的六首音乐作品《西沙，我可爱的家乡》《请到天涯海角来》《军港之夜》《海上的黎明到中午》《"漂泊的荷兰人"序曲》《c 小调练习曲"大海"》，都表现了大海主题。

六首乐曲关联性解读如下：

☑《西沙，我可爱的家乡》：这首歌曲描写了我国海军战士带领西沙岛上的渔民击溃登岛敌人，保家卫国的真实故事。它选用了海南民歌"哩哩美"的音调素材，悠远的引子将人们带入到海岛的自然风光中，愈渐激昂的旋律展现了人们对家乡的热爱之情。这首作品的学习可以侧重于"速度、力度、旋律"等音乐表现要素的感知、体验，理解这些要素对音乐情绪表达的作用。

☑《请到天涯海角来》：这首歌曲创作于改革开放时期，中国经济快速增长，综合国力迅速提升的时代背景下，以热情洋溢的海南人民的视角表达欢迎全国乃至世界各地的人们去海南欣赏美景、品尝美食的愿望。该曲已成为了海南这座城市的名片。与歌词所表达情绪一致的是，这首歌曲旋律欢快、热情洋溢、具有舞蹈的律动感。这是本单元的一首表演唱作品，学习内容侧重于在感知和体验"节奏"这一音乐表现要素的基础上，体会节奏变化与情绪表达之间的关联，进而提升节奏创编与表演能力。

☑《军港之夜》：这首歌曲创作的背景是海军战士保卫祖国海疆的故事。二十世纪八十年代，海军战士们在战舰上执行保卫国家海域的艰巨任务，尽管生活辛苦，但是祖国人民的关怀如温柔的海水般温暖着他们的心，这种关怀化作了歌曲中轻柔的旋律和深情的歌词。这是一首抒情性军旅歌曲，中速，结构规整，旋律优美，情感表达细腻，勾画了一个充满人文情怀的温柔的大海形象。这首作品的学习侧重于"旋律、力度、音色、和声"等音乐表现要素的感知、体验，强调提升运用这些音乐要素准确表达情感的能力。

☑《海上的黎明到中午》：作曲家德彪西在创作这首作品之前从未亲眼见过大海，但是一幅名为《神奈川冲浪里》的浮世绘作品，以及当时以象征派诗人马拉美为代表的巴黎文艺沙龙活动中关于大海的文学诗作激发了他的创作灵感，让他把自己印象中的大海用音乐精彩地表现出来。这首器乐曲是印象派风格代表作，该风格注重对自然景象进行描绘和色彩性的表达，利用器乐音色发出的音响透明度以及多声部交织与协作产生的和声色彩的冷暖，描绘出在不同光线照耀下多姿多彩的大海形象。对于这首作品的学习可以侧重于"和声、音色"等音乐表现要素和音乐风格的感知、体验，进一步理解它们对音乐形象描绘的作用。

☑《"漂泊的荷兰人"序曲》：这首器乐曲中大海形象的灵感来源于作曲家瓦格纳奔赴欧洲时乘坐的客船因海上风暴而发生的有惊无险的真实经历。一眼望不到尽头的大海澎湃汹涌、拥有巨大力量，给他留下了深刻的印象。这首乐曲最典型的审美特征是其管弦乐合奏采用宏伟壮丽的配器，运用多声部交织与协作，模仿暴风雨中海浪运动，塑造了暴风雨中勇敢的荷兰人船长、善良的珊塔和水手们的形象。这首作品的学习可以侧重于"旋律、力度、和声、音色"等音乐表现要素的感知、体验以及理解它们对音乐形象塑造的作用。

☑《c小调练习曲"大海"》：这首钢琴练习曲是波兰作曲家肖邦听闻波兰人民反抗沙皇俄国的自由革命"华沙起义"失败后，带着无比悲愤的心情创作的。这首乐曲是审美性与技术性的完美结合，整首作品运用川流不息的分解和弦，上下行的旋律进行，在力度与速度的推动下让人们联想到大海的澎湃与汹涌。这首作品的学习可以侧重于"旋律、力度、速度、琶音"等音乐表现要素的感知、体验以及理解它们对音乐情绪表达的作用。

基于作品的分析，它们之间的关联性如下：

① 作品均展现了创作者，包括表演者、传播者、参与者对以大海为主的大自然的认识、喜爱、想象、思考与理解。

② 除了用音乐描绘出大海的形象外，创作者还将自身的审美情趣与情绪情感，包括个人情感和民族情感，投射到大海这一自然景象上。

③ 作曲家运用丰富的音乐语言进行创新性表达，形成了不同的音乐风格。

2.研读课程标准

（1）核心知识和技能

音乐表现要素、音乐情绪情感是新课标中强调的十四项学习内容中较为重要的两个部分，几乎贯穿于中小学所有学段的重点学习内容，是音乐学科的核心知识。在第三学段，课程标准中关于学生掌握这个核心知识提出的要求是："能够结合对音乐表现要素的分析，了解音乐情绪、情感产生变化的原因，理解音乐表达的内涵"。课程标准要求学生不仅能够听辨出音乐表现要素，而且还能说出它们对于情绪、情感表达的作用。

基于本单元的主题情境和作品的典型特征，以及课程标准对于第三学段起始年级的具体要求，提炼出学生需掌握的学科核心知识：音乐运用丰富的语言描绘出自然的场景，传递情绪和抒发情感。

每一首作品侧重的音乐要素虽然各不相同，但以这一个核心问题贯穿单元所有作品的学习，有助于学生把音乐要素的"部分"学习与音乐整体活动或内容相整合，形成认知结构化，避免孤立看待某一个音乐表现要素。

（2）理解目标

对于大自然的认识，热爱与表达是音乐学科非常重要的"概念"。新课标中强调："鼓励学生在情境中感知形象、激发创意，运用艺术语言和方式表现自然美、社会美与科技美，体验创造的喜悦和自我实现的愉悦，提升实践能力、创造能力和审美能力。注重艺术与自然、社会、生活、科技的关联，汲取丰富的审美教育元素，传递人与自然和谐共生理念，促进学生身心健康、全面发展。"

基于第三学段的学业要求，可以把本单元理解目标制定为：主动观察自然；认识自然；理解自然与社会、与人类、与自己的关系。

（3）成功技能目标

在五·四学制中，六年级学生从小学升入中学，加入到一个新的集体，学生的内心既兴奋又忐忑，不知道自己是否能够融入到新的班级集体中，同时渴望能够赢得同学和老师的信任，希望能够结交好朋友。基于学情分析，笔者把本单元成功的技能目标设定为：能够在一个新组成的团队中主动交流与合作，学习互相尊重、平等交流，实现共同进步。

（二）设计驱动性问题

1. 提出问题

如何为"我（们）和大海的故事"选配一首合适的音乐？

2. 设计展示成果

撰写"我（们）和大海的故事"，并挑选与之适配的音乐，以配乐故事的形式展示成果。

3. 创设情境

将驱动性问题和任务嵌入到学习情境中，激发学生的探究兴趣。

大海，一个多面的存在，有人视它为蔚蓝的宝石，有人觉得它闪烁着金色的光辉，有人爱它的宁静与美丽，也有人敬畏它的深邃与力量。那么，在你的眼中，大海是怎样的呢？想起它时，是否会感叹其壮丽之美？是否会带来心灵的平静？是否会在凝视那无尽海平面时，心中涌起对宇宙浩渺、生命渺小的哲思？又是否会在海浪的起伏间，领悟到人生如潮、有起有落的真谛？

"我（们）和大海的故事"配乐故事的竞赛舞台已经搭建完毕，观众席上的小板凳也已排列整齐。邀请你和你的伙伴们，用"配乐讲故事"的形式，分享你们和大海的故事，将你们对大海的理解和情感表达出来。让音乐成为故事的翅膀，带领观众在一个个感人至深的故事中飞翔，沉浸在大海的无限魅力之中！

4.设计思路

笔者以趣味性、开放性、挑战性和可行性这四个关键要素作为综合考量的依据设计驱动性问题。

（1）趣味性

六年级的学生正处于想象力丰富的阶段。这个年龄段正处于"自我觉醒"时期，具体表现为开始更清晰地意识到自己的思想、情感和身份，对自身特质、价值观、兴趣和目标产生好奇，非常渴望有机会表达自己的想法和情感。完成"配乐故事"这一项目成果契合这个阶段学生的特点。项目创设的情境以"竞赛"的方式公开展示成果，不仅能激发学生的学习兴趣，还能在分享过程中获得成就感，激发他们的创造力。

（2）开放性

这个问题具有开放性，能够为学生提供广阔的探索空间。从故事创作的角度来看，地球上约71%的面积被海洋覆盖，不同地区的山川地形赋予了大海丰富多样的风貌。此外，大海与人类的生存紧密相连，不仅为人类提供了食物，影响着气候，辽阔无边的景象更是成为人们情绪情感抒发的重要对象。对于有着不同生活经历、学习经历、兴趣爱好和人生追求的学生而言，观赏、认识大海会引发他们形成独特的见解和表达方式。这种多样性的认识和表达，正是开放性问题所期望激发的"各美其美"的多元视角，能鼓励学生突破常规，充分发挥想象力和创造力，从各自独特的视角探索和解读大海，展现出个性化的思考与感悟。

从音乐选配角度看，由于故事为学生原创，学生需深度剖析故事内容，精准把握情绪情感的起伏变化，从众多音乐中挑选出契合的配乐。而后，他们要用精准的语气与情绪，配合音乐讲述故事。这一过程，有效拓展了学生的思维空间，在音乐与故事的交融碰撞中激发出更多元的创意，展现独特的审美。

（3）挑战性

本项目的挑战性在于它着重引导学生运用"决策"与"创见"这些高阶认知策略完成驱动性问题的探索。其一，学生在深入思考与大海关系的基础上展开创造性构思；其二，在选配音乐的过程中，学生并非随意选择，而是要像一位专业的音乐策划师，依据故事的情节走向、情感基调以及节奏韵律，进行全面且深入的考量；其三，将文学故事与音乐相融合，创作出"配乐故事会"。这种融合打破了艺术形式之间的界限，带来了多元化的艺术体验，激发了学生的创新思维和综合艺术素养。

除了运用高阶认知策略外，学生还需要运用信息收集、整理、分类、分析、对比等中低阶认知策略来辅助完成创作。

（4）可行性

本单元是学生进入初中阶段首次开展的项目化学习。由于学生来自不同小学，对于项目化学习这种方式的熟悉程度有所不同，自身的艺术素养也参差不齐。作为过渡学段，项目化学习重点聚焦的核心知识和理解目标均是学生在以往的学习和生活中有所接触、相对熟悉的。例如，在小学阶段，学生已经对音乐表现要素中的速度、力度、旋律以及节奏有了一定的了解，而"大海"这一主题在日常的文学、影视作品中也频繁出现。学生能够凭借已有的知识和经验做进一步深化和拓展，故本次项目化学习具备较高的可行性。

二、项目规划

（一）项目简介

本项目选自新教材六年级上册第一单元"蔚蓝之海"，包含 6 课时，在第六课时举行"配乐故事会"活动，展示学生的学习成果。

本项目旨在引导学生在已有音乐知识的基础上，深入探索音乐表现要素的典型特征，如旋律起伏、节奏疏密、力度强弱、速度快慢、多声部的交织与协作以及和声明暗产生的音响效果等。通过这些音乐表现要素的感知与体验，提升学生对音乐的辨识能力和运用能力，准确想象音乐所描绘的大海景象，深刻体会作品中所表达的情绪与情感，并运用综合艺术形式表达对大海的独特印象和情感体验。

为了达成这一教学目标，笔者设计了真实的学习情境，通过"配乐故事会"的项目任务激发学生的学习兴趣，引导其进入"讲述者"的角色，主动探索音乐与自然、人类与大海之间的联系。通过将课堂学习与项目成果结合，将个人生活经历与音乐表达相融合，旨在实现新课程标准所要求的"学以致用，创新学习"的教育理念，提升学生创造力，培养综合素养。

（二）项目设计

1. 挑战性问题

（1）本质问题

"作曲家如何运用音乐语言描绘多姿多彩的大海形象，抒发对家乡、对自然的热爱之情？"

（2）驱动性问题

如何为"我（们）和大海的故事"选配一首合适的音乐？

（3）公布成果展示的内容

撰写"我（们）和大海的故事"，挑选与之适配的音乐，以配乐故事的形式展示成果。

（4）公布成果展示的形式

每支参赛团队由 5 至 6 名成员组成，在一场名为"我（们）和大海的故事——配乐故事会"的竞赛活动中，用"配乐讲故事"的方式分享自己与大海的动人故事。

　　每位参与的同学会收到一份评分标准、一份打分表以及一张选票。在选票上，同学们可以勾选自己心目中的三个最佳表演团队。待所有团队完成表演后，同学们将进行现场投票，采用现场唱票的方式，公开透明地选出一个最佳表演团队。

　　最终，本年级将推选出六个最佳团队。他们的作品将被发布在学校的微信公众号上，让更多的师长、同学以及朋友共同分享。

（5）子问题

　　① 驱动性问题的解决方法和路径有哪些？

　　② 音乐家运用了哪些音乐语言，准确地描绘大海的景象，抒发对大海的情感？

　　③ 如何将音乐与其他艺术形式相结合？

2. 设计项目目标

　　（1）通过音乐的聆听、视唱等艺术实践活动，准确听辨旋律、节奏、和声、力度、速度等音乐表现要素的典型特征，认识它们在大海形象塑造、情绪情感表达以及音乐风格形成上起到的重要作用，提升审美感知素养。

　　（2）在对驱动性问题的探究过程中，认识与理解大海这一自然景象背后蕴含的人文情怀和人文精神，提升学生的文化理解素养。

　　（3）紧密联系自然与音乐、生活与学习、音乐与其他姐妹学科，采用分析、创见、决策等认知策略，运用"配乐故事"综合艺术表现形式表达对大海的认识、理解与情感，提升艺术表达和创意实践素养。

　　（4）在与同伴的初次合作中，熟悉项目化学习的主要步骤，着重提升合作交流能力。

3. 设计评价计划

（1）过程性评价

　　① 学习过程自查表

　　自查表是从"项目的决策、准备、实施和评价"四个维度的八个评价指标对学习的整个过程进行自我评价，有助于学生对整个学习过程中的问题解决能力、核心知识掌握程度以及沟通交流等关键能力进行反思。

《我（们）和大海的故事》学习过程自评表

评价维度	评价指标	评价标准	自　评
项目的决策环节 （30分）	发现问题	提出的问题与本项目的研究方向紧密相关，且对本团队开展后续的研究起到重要的作用。	
	定义问题	全面理解驱动性问题，对该问题做出合理的分析。	
	方案构思	积极帮助小组确定最终方案，包括解决问题的方法、步骤、小组成员的任务分工。	

（续表）

评价维度	评价指标	评价标准	自 评
项目准备环节 （20分）	查找资料	主动根据项目方案进行资料（文本、音频）的查找、整理，并分享给所有组员。	
	分析资料	从众多文本资料中提取有助于解决本项目问题的资料进行分析，从中提炼出它们之间的关键联系；对音频资料从音乐形象与情绪情感的角度分析。	
项目实施环节 （30分）	创作文本	积极参与到文本的建议、创作或者修改的过程中。	
	选定音乐	积极参与到音乐的选定环节中，能够结合文本内容和表达的情感，选定与之适配的音乐。	
	配乐练习	积极参与到配乐练习中，从准确性、生动性角度给予建议。	
项目评价环节 （20分）	展示交流	准备充分，能主动承担展示交流以及相关任务。	
	评价改进	积极听取老师和其他同学的建议，对作品提出改进设想。	

作为本学期的第一个项目化学习，笔者将这样的一份评价量表在项目化学习之初就告知学生，有助于学生建立起对项目化学习的全面理解，明确学习目标和期望，实现"以评促学"理念的实施。

②《音乐课堂学习及作业检查情况记录表》

该记录表主要用于课堂上教师以提问的方式检查学生在上一节课或者前一阶段的学习情况。

《我（们）和大海的故事》课堂学习检查

1	课堂学习关键设问： 聆听歌曲《军港之夜》，这首歌曲中音乐表现要素的典型特征是什么？它们与音乐情绪情感表达有怎样的关系？
2	课堂学习关键设问： 聆听歌曲《西沙，我可爱的家乡》，说说它与《军港之夜》在音乐风格和情绪表达上有怎样的不同？为什么会有这样的感受呢？虽然情绪表达方式不同，表达的情感是否一致呢？
3	作业检查： 以开火车的方式请同学们依次拍奏歌曲《请到天涯海角来》的节奏。 评价标准：根据节奏、速度的准确性进行评价。
4	课堂学习关键设问： 聆听故事，说说《"漂泊的荷兰人"序曲》《海上的黎明到中午》哪一片段音乐的情绪情感、音乐描绘的景象或者音乐营造的氛围与故事的内容更加契合？
5	课堂学习关键设问： 聆听《"漂泊的荷兰人"序曲》片段，把"主导动机"与音乐片段相连，说说选择的原因。
6	作业检查： 从两位音乐家的故事中挑选一个自己感兴趣的，用第一人称的视角对故事进行补充完善，对相关音乐进行剪辑处理，然后在剪辑好的音乐伴奏下，富有感情地讲述所补充的故事。 评价标准：从故事完整性、生动性以及启发性出发，对与音乐的契合度以及讲述的语气、节奏、情绪进行评价。

（2）终结性评价

①《合作与交流能力评价表》

该评价量表是以"倾听、表达、分工、合作"四个维度评价学生与人合作交流的能力。对于六年级学生而言，通过这样的合作量表，可以有效地促进学生之间的相互了解和信任。学生在互评过程中，不仅能够认识到自己在团队中的角色和贡献，也能够学习如何客观地评价同伴的优点和需要改进的地方。这种评价方式不仅有助于培养学生的批判性思维和公正性，同时也能够增强他们的社交技能和团队协作能力。

《我（们）和大海的故事》合作与交流能力评价表

维　度	优　秀	良　好	合　格	需努力	自　评	互　评
倾　听	能够仔细倾听别人的观点，能用积极倾听的姿态，如微笑、点头、眼神注视等，回应自己对倾听内容的理解。	倾听时，大多数时间能够保持专注倾听，偶尔可能会因为分心而错过一些细节；能给予简单的动作或口头回应。	能够倾听别人的观点，但经常需要重复或请求澄清以确保理解；偶尔会给予一些回应，但不够一致或不够及时。	经常分心或打断他人，难以持续关注他人的观点和想法。极少给予回应，使得发言者感到被忽视。		
表　达	能够有效地与其他小组成员互动，既能尊重他人观点，又能够适时提出自己的见解；能用生动的语言、自信的态度、坚定的语气和适当的肢体语言来表述自己的观点；提出的观点具有较强的逻辑性，易于理解。	能够与小组成员进行互动，但不够主动或不够频繁；在大多数情况下能够自信表达，但有时显得犹豫或不够坚定；能够表达自己的观点，但有时不够清晰或缺乏逻辑性。	在小组讨论中参与度较低，通常只在被直接询问时才会发表意见；在表达时显得不够自信；提出的观点较为表面，缺乏深度和详细的分析。	几乎不与小组成员互动，很少或从不在小组讨论中表达自己的观点，即使被鼓励后表达，也是极度缺乏自信；提出的观点常常空洞无物，缺乏具体内容和依据。		
分　工	能够清晰地理解并承担自己的任务，同时对团队其他成员的分工有明确的认识。	对分工有一定的理解，能够承担自己的任务，但有时需要他人提醒或指导。	对分工有一定的认识，但对自己的任务或团队其他成员的分工不是很清楚。	对自己的任务或团队其他成员的分工缺乏清晰的认识，经常需要他人指导。		
合　作	在团队中展现出卓越的合作精神，能够有效地与队友沟通和协作，共同推进项目进展；不仅完成自己的任务，还能主动帮助他人或提出改进方案；面对合作中的困难和挑战，能够积极寻找解决方案，减少团队冲突，提高团队效率；对本次项目的成果有显著的贡献。	在团队中展现出良好的合作精神，但有时不够主动或在沟通上有所欠缺；在团队中表现出一定的主动性，但只在自己任务完成时才会帮助他人或提出建议；面对合作中的困难，能够寻找解决方案，但有时需要他人的帮助或指导；对项目成果有一定的贡献。	在团队中展现出基本的合作态度，但在沟通和协作上存在一些障碍；在团队中表现出一定的主动性，但只在被要求时才会帮助他人；面对合作中的困难，需要他人的帮助才能找到解决方案；对项目成果有一定的贡献，但在完成任务的质量上存在一些不足。	在团队中合作能力较弱，经常导致沟通不畅或协作困难；在团队中缺乏主动性，很少帮助他人或提出改进方案；面对合作中的困难，很难找到解决方案，经常需要依赖他人；对项目成果的贡献不多，完成任务的质量不高。		

备注：根据各组实际人数填写互评次数。

②《成果评价表》

《成果评价表》是对展示成果进行的终结性评价，它包含了"创作"和"表现"两个一级维度，"音乐选配""文本撰写""生动演绎配乐故事"和"丰富的艺术表现力"四个二级维度全面地评价作品。

《我（们）和大海的故事》成果评价表

维 度		优 秀	良 好	合 格	需努力	师 评
创作（50分）	选配音乐（25分）	音乐的情绪情感、描绘的景象以及音乐的风格与故事的内容、情绪与情感非常契合，能够起到营造氛围、突出主题、推动情绪的作用。音乐选配具有创新性，能够为故事增添独特的艺术效果。	音乐的情绪情感、描绘的景象以及音乐的风格与故事的内容、情绪与情感是契合的，但是缺乏一些独特性。	音乐的情绪情感、描绘的景象与故事内容、情绪与情感基本契合，但存在一些不协调之处。	音乐的情绪情感、描绘的景象与故事内容、情绪与情感的契合度较低，存在明显的不协调。	
	创作故事（25分）	故事的结构清晰，情节发展合理，有明确的起承转合，且高潮和结局令人信服，与前面的情节紧密相连。故事能够深刻触动听众的情感，产生强烈的共鸣。	故事结构较为清晰，情节发展大体合理，且高潮和结局基本合理，但可能与前面的情节连接不够紧密。故事能够触动听众的情感，但可能缺乏深度。	故事结构基本完整，但情节发展可能存在跳跃或不连贯之处，且高潮和结局可能与前面的情节关联不强，缺乏说服力。故事能够引起听众的一定情感反应，但可能不够强烈或持久。	故事结构不清晰，情节发展混乱，且高潮和结局与前面的情节脱节，缺乏逻辑性和说服力。故事难以触动听众的情感，可能因为情感表达过于平淡或不真实。	
表现（50分）	讲述与音乐的结合（40分）	能够在音乐伴奏中，声情并茂地讲述故事，讲解的语气、力度、速度以及表情与音乐的情绪情感的变化和故事发展完美结合，能够带给观众美的享受，引发情感共鸣。	能够在音乐伴奏中较为生动地讲述故事，但可能在某些情感表达上不够丰富。讲解的语气、力度、速度以及表情与音乐的情绪情感变化和故事发展结合后在某些细节上不够完美。	能够在音乐伴奏中基本讲述故事，但可能在情感表达上显得较为平淡。讲解的语气、力度、速度以及表情与音乐的情绪情感变化和故事发展在某些部分结合得不够自然。	在音乐伴奏中讲述故事时，情感表达可能显得较为生硬或不自然。讲解的语气、力度、速度以及表情与音乐的情绪情感变化和故事发展的结合不协调。	
	视觉效果（10分）	PPT的画面与故事内容，主题，风格保持一致，能够带给人视觉上的享受，PPT播放时非常流畅。	PPT的画面与故事内容、主题、风格保持一致，播放时卡壳，不流畅。	PPT的画面未作任何美化，能够播放。	PPT不能够播放。	
					展示总分	

这一评价量表不仅可以为学生提供明确的反馈，指出作品的优点和需要改进的地方，促使学生进行自我反思，有助于学生明确学习方向，还有助于教师从学生作品中发现教学过程中的不足之处，在下一次实践中进行优化。

③《个人任务完成情况评价表》

《个人任务完成情况评价表》

维 度	责 任	优 秀	良 好	合 格	需努力	学生学号
规划与组织	承担本次项目规划和组织工作	总分 1.0 ①展示总分达到"≥95"的评价；②与组员讨论后完成规划（口头或者书面），团队协议书和任务分配书填写；③任务分配时，能够确保每个组员都能参与到活动中，且发挥各自长处；④组织者的工作得到90%以上组员的认可。	总分 0.7 ①展示总分达到"≥90，<95"的评价；②完成规划（口头或者书面），团队协议书和任务分配书填写；③任务分配时，确保每个组员都能参与到活动中；④组织者的工作得到低于90%，高于70%以上组员的认可。	总分 0.4 ①展示总分达到"≥80，<90"的评价；②没有全部完成协议书和任务分配书的填写；③任务分配时，没有考虑到学生的能力；④组织者的工作得到低70%，高于50%以上组员的认可。	总分 0.2 ①展示总分达到"<80"的评价；②没有完成协议，和任务分配表填写；③没有做任务的分配；④组织者的工作得到低于50%组员的认可。	
音乐选配	承担选配音乐任务	总分 0.7 "音乐选配"的分数"≥20"。	总分 0.5 "音乐选配"的分数"≥15，<20"。	总分 0.3 "音乐选配"的分数"≥10，<15"。	总分 0.1 "音乐选配"的分数"<10"。	
故事创作	承担故事创作任务	总分 0.7 "故事创作"分数"≥20"。	总分 0.5 "故事创作"分数"≥15，<20"。	总分 0.3 "故事创作"分数"≥10，<15"。	总分 0.1 "故事创作"分数"<10"。	
作品展示	承担讲述任务	总分 1.0 "讲述与音乐的结合"分数≥35"。	总分 0.7 "讲述与音乐的结合"分数"≥30，<35"。	总分 0.4 "讲述与音乐的结合"分数"≥25，<30"。	总分 0.2 "讲述与音乐的结合"分数"≥20，<25"。	
信息技术应用	承担PPT制作任务	总分 0.5 "视觉效果"的分数"≥7"。	总分 0.3 "视觉效果"的分数"≥5，<7"。	总分 0.2 "视觉效果"的分数"≥3，<5"。	总分 0 "视觉效果"的分数"<3"。	
					个人绩点总和	
				本次项目化学习的终结性评价（展示总分＊个人绩点总和）		

备注：

（1）每个星级代表了完成该任务，学生可以获得的绩点。不同星级绩点不同，只有达到每个星级的要求，才能得到绩点。如果某学生是独立完成该任务，他将获得所有绩点，如果是合作完成，参与的学生根据所作贡献分配绩点。

（2）每个组员在"学生学号"一栏填写自己在本次项目化学习中获得的绩点。

（3）每一个星级计分均与《我（们）和大海的故事》作品评价表中每一栏学生获得的分值挂钩。

（4）"责任"一栏提示每个学生在本次项目中具体完成的任务。

在填写这份评价量表时，每位学生将根据自己在本次项目中完成的任务数量和质量获得相应的"绩点"。最终，每位学生在本次项目化学习中的得分，将通过小组在项目中获得的总分乘以个人的"绩点"计算得出。

该评价量表具有两个显著特点：首先，它清晰地罗列出项目中的每一个任务；其次，它将每个任务的完成情况与作品的整体评价紧密结合。通过完成这份评价量表，学生能深刻体会自己在团队中的作用以及团队合作的重要性和价值。评价量表旨在通过量化的方式，鼓励学生积极参与团队合作，同时认识到个人与团队之间的相互依存关系，从而培养他们的团队意识和集体责任感。

4. 设计项目实施框架图

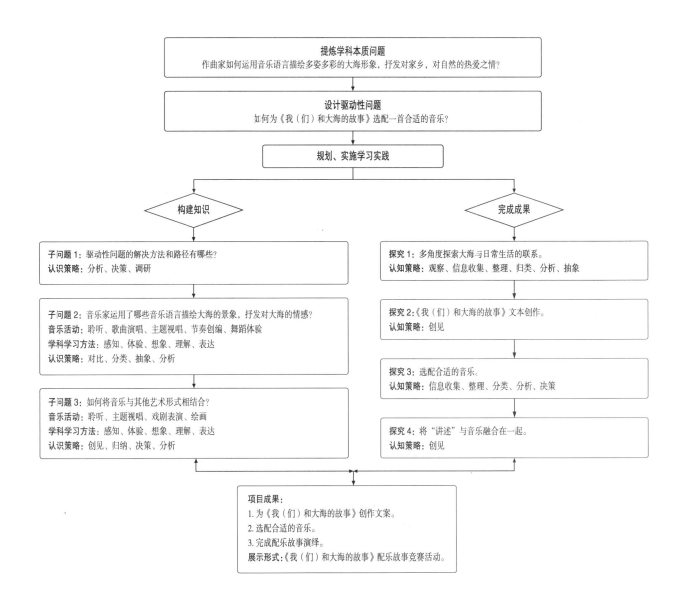

5. 课时规划

课时数	主要解决问题	内容重点	教学素材/工具	教学目标
1课时	驱动性问题的解决方法和路径有哪些？	建构知识： 定义问题。 完成任务： ① 分组设角 ② 任务分配 ③ 项目规划	配乐故事优秀案例	① 激发学生对驱动性问题探究的兴趣。 ② 对驱动性问题进行解构。 ③ 完成分组，讨论、填写并提交《项目规划书》和《团队协议书》（见附录2）
2课时	音乐家运用了哪些音乐语言描绘大海的景象，抒发对大海的情感？	建构知识： ① 知道音乐家运用了哪些音乐语言描绘大海的景象，抒发情感。 ② 理解音乐中出现的"大海"的象征意义。 完成任务： 探究1：从多角度探寻大海与人们生活有怎样的联系？ 探究2：如何创作文本，让故事生动、感人，引人思考？	①《西沙，我可爱的家乡》 ②《请到天涯海角来》 ③《军港之夜》	① 欣赏歌曲，感受三首作品描绘的景象以及表达的情感。 ② 说出三首作品中音乐要素对于形象塑造、情绪表达、情绪抒发起到的重要作用。 ③ 用歌唱、演奏等方式生动地表达音乐。 ④ 深入感知音乐后，理解音乐中出现的"大海"的象征意义。 ⑤ 以小组讨论方式填写、提交《军港之夜》作品分析单（见附录2） ⑥ 完成《项目学习进度反馈表》填写，在对上一个阶段项目进度反思基础上，调整下一阶段的研究进程。（见附录2）。
2课时	如何将音乐与其他艺术形式相结合？	建构知识： ① 从音乐旋律线条的起伏、节奏的疏密、力度的强弱、速度的快慢等角度，体会音乐的描绘性的作用。 ② 戏剧音乐中，作曲家在管弦乐创作中，多声部旋律交织展现立体、丰富的音乐形象，渲染氛围。 ③ 结合绘画作品赏析，认识在印象派风格作品中，作曲家用短小、零碎的旋律片段、不规则的节奏型、多变的和弦，描绘光线照耀下多姿多彩的大海形象。 完成任务： 探究3：如何为原创故事选配合适的音乐？ 探究4：音乐如何与"故事讲述"完美结合？	①《c小调练习曲"大海"》 ②《"漂泊的荷兰人"序曲》 ③《海上的黎明到中午》	① 聆听音乐，用戏剧、绘画等姐妹艺术形式感受与表现音乐描绘的形象和表达的情绪。 ② 体会音乐与其他艺术形式之间的联系。 ③ 说出作品的典型特点，认识不同音乐风格呈现不同音乐效果能带来的不同审美体验。 ④ 认识"和声""和弦"等音乐要素在音乐中的重要作用。 ⑤ 以小组合作的方式完成文本创作，音乐选配以及"配乐故事"的排练与修改。

（续表）

课时数	主要解决问题	内容重点	教学素材／工具	教学目标
1课时	如何组织《配乐故事会》竞赛活动？	建构知识： 如何准确评价作品？ 完成任务： 建构知识： ① 成果展示 ② 成果评价 ③ 公布优秀作品名单	小组作品	① 各小组提交"创作文案和选配的音乐"。 ② 各小组能够声情并茂地展示作品。 ③ 其他同学安静地观赏作品，并填写评分表和比赛选票。 ④ 公布优秀作品名单，在校级学习平台上推送优秀作品。

三、项目实施

（一）入项

1. 优秀范例呈现

本次项目，笔者分享了由八年级的优秀学长录制的一段关于为"我和大海的故事"配乐的视频，将学生带入到学习的情境中。

这段视频中，学长深情地讲述了他和大海之间的故事。作为学校管乐团的一员，他讲述了与团队成员们一起学习、排练，并最终成功演出一首名为《大洋之光》乐曲的故事。这次经历不仅使他与大海进行了一次深刻的精神对话，更在音乐的世界里与大海建立了一种特殊联系。伴随着《大洋之光》乐曲声，他声情并茂地描述了音乐如何唤醒他对大海真实景象的记忆——那些令人震撼的惊涛骇浪和壮阔的海景。他回忆起当时与同伴们携手合作演绎作品时的感受，仿佛看到了海浪的翻滚化作跳动的音符，而那奔流不息的大海则化成他勇往直前、永不言败的精神支柱。

这样一段生动、感人的视频，不仅让学生对"配乐故事会"这种综合艺术形式有初步了解，而且快速地把学生带入"我们也是讲故事人"的角色中，激发起他们对项目化学习的兴趣。

在学生的好奇与期待下，教师揭示驱动性问题、项目任务，并公布成果展示的形式。

2. 分组设角

进入正式分组环节，教师公布小组数、每组人数以及岗位。

小组数：8 组

每组人数：5—6 人

岗位：组织能人、配乐大师、文学名家、讲故事达人、电脑技师。

由于学生是初中阶段第一次项目化学习，教师可以介绍每个岗位的责任。

岗　位	目标与责任
组织能人	负责团队的组织管理和领导的工作，在这个过程中提升自己规划、协调、沟通能力。
配乐大师	负责项目任务中与音乐相关的工作，在这个过程中展现音乐才能，提升音乐鉴赏能力。
文学名家	负责项目任务中与文字相关的编辑和撰写工作，在这个过程中，提升自己的创作能力。
讲故事达人	负责项目任务中"讲故事"的工作，在这个过程中，提升自己的表达能力。
电脑技师	负责项目任务中与"信息技术"相关的工作，在这个过程中，展现自己的才能，提升用技术在音乐表现领域中的应用能力。

同学们进入自由分组环节，成功组队的同学领取《项目规划书》以及《团队协议书》，以小组讨论的方式完成项目方案的设计和任务的分配。

笔者提供了一份项目规划书（见附录2）填写建议，供学生参考。

（二）公布评价方案

学生完成分组后，教师公布本次项目化学习的评价方案，包括评价方式和内容。（详见《项目规划》中"项目设计"第三点"设计评价计划"）通过评价方案的前置，在项目开展之初，学生能清晰了解评价的标准和方式，从而调整自己的学习策略和行动方向。这不但有助于提高学生的效率和质量，也能促使他们自我监督和管理，培养其责任感和自律性，为项目的顺利推进和高质量完成奠定良好的基础。

（三）开展学习实践

驱动性问题：如何为"我（们）和大海的故事"选配一首合适的音乐？		
作品素材：《西沙，我可爱的家乡》《请到天涯海角来》《军港之夜》《海上的黎明到中午》《"漂泊的荷兰人"序曲》《c小调练习曲"大海"》		
学科核心子问题	驱动性问题的解决方法和路径有哪些？	
完成的学习任务	完成分组、规划项目、分配任务	
学习实践类型（主要）	探究型实践、调控型实践、社会型实践	
学习实践		素材资源 学习支架
1. 以"滚雪球"这一活动组织策略，组织学生以"思维导图"方式展现对驱动性问题的思考与认识，培养发散性思维。 2. 对"思维导图"进行整理、分析，提炼出本组组员将在本次项目学习中解决的问题。 3. 小组成员提出问题解决的方案，以讨论方式做出决策。 4. 完成《项目化规划书》《团队协议书》《任务分配书》填写。		学习支架： ①《问题解构单》（见附录） ②《项目化规划书》 ③《团队协议书》 ④《任务分配书》
学科核心子问题	音乐家运用了哪些音乐语言准确地描绘大海的景象，抒发对大海的情感？	

完成的学习任务	从《西沙，我可爱的家乡》选取片段进行肢体表演；为《请到天涯海角来》节奏编配；完整演唱二声部歌曲《军港之夜》；运用课堂所学，完成《我（们）和大海的故事》文本创作。
学习素材	《西沙，我可爱的家乡》《请到天涯海角来》《军港之夜》。
学习实践类型（主要）	探究型实践、审美型实践、调控型实践、技术型实践。

学习实践	素材资源 学习支架
1. 歌曲欣赏《西沙，我可爱的家乡》 ① 聆听歌曲引子部分，从旋律与歌词两方面想象人与自然互动的情景，创意设计肢体律动来表达对音乐的理解。 ② 聆听全曲，着重于演唱形式、演唱方法、速度与力度变化的感知与体验。准确分辨这些音乐表现要素的典型特征，认识它们对歌曲情绪表达、情感抒发的作用。 ③ 结合对歌曲背景的介绍，更好地理解作品较为强烈情感表达背后的文化内涵。 2. 歌曲演唱《请到天涯海角来》 ① 观看城市宣传片《一座城市一首歌》之《请到天涯海角来》，感受到当人们依海而居，与大海亲密相处，在享受大海恩赐的同时，尊重着大海的规律，实现了人与自然的协同发展。 ② 学唱歌曲，创编节奏，感知、体验歌曲节奏的特点，认识到节奏变化对歌曲情感表达的重要作用。 3. 歌曲演唱《军港之夜》 ① 聆听歌曲创作的故事，带入海军战士的视角，探寻他们对大海的情感。 ② 聆听歌曲，从力度、调式等音乐表现要素的典型特征，理解《军港之夜》抒情风格，体会它与其他军旅歌曲的异同。 ③ 用连贯演唱的方法表现两个乐段在节奏、旋律和力度的变化，体会它们在歌曲情感表达上起到的作用。 4. 文本创作 ① 采用独立或者合作的方式，运用资料收集、归类、决策等认知策略，网页搜索等信息技术，完成《我（们）和大海的故事》文本创作的资料收集、整理。 ② 通过对作品的感知、体验、联觉、想象、认知、理解，运用采访、调查、分析认知策略对选定的音乐作品进行深入分析。	1. 学习资源 ① 三首作品音频、乐谱资料。 ② 电影《南海风云》片段。 ③ 歌曲《西沙，我可爱的家乡》主创人员采访片段。 ④ 城市宣传片《一座城市一首歌：请到天涯海角来》。 ⑤《军港之夜》主创人员的访谈片段。 ⑥《请到天涯海角来》节奏编织图谱。 2. 学习支架 《军港之夜》作品分析单（见附录）。

学科核心子问题	如何将音乐与其他艺术形式结合？
完成的学习任务	在《"漂泊的荷兰人"序曲》伴奏下进行戏剧表演；聆听《海上的黎明到中午》并进行绘画创作；综合"讲故事"与"音乐"两种表现形式，形成综合性艺术作品。
学习素材	《海上的黎明到中午》《"漂泊的荷兰人"序曲》《c 小调练习曲"大海"》。
学习实践类型（主要）	探究型实践、审美型实践、调控型实践、技术型实践。

学习实践	素材资源 学习支架
1. 音乐欣赏《c 小调练习曲"大海"》 ① 聆听音乐，识读乐谱，借助信息设备，用电子笔在电子乐谱上用不同颜色、粗细的画笔勾画出旋律起伏线条，标注出力度的变化。 ② 结合生活常识，分析该作品用音乐语言展现了哪一种自然现象？这一现象以何种状态出现在我们面前？ ③ 观看电影《一曲难忘》片段，体会创作者、演奏者的情感，并结合自己经历，将个人情感投射于"自然"。 2. 音乐欣赏《"漂泊的荷兰人"序曲》 ① 分享"瓦格纳海上遇险的故事"，从两段不同风格音乐中选择合适的"故事配乐"，从已学的音乐表现要素角度做分析。 ② 观看歌剧《漂泊的荷兰人》片段，直观地认识戏剧故事是如何表现大海、船长、珊塔以及船员等形象。 ③ 聆听作品，重点感知在管弦乐队演奏的多声部旋律中，器乐音色、旋律起伏、节奏的特点等音乐要素，准确辨别音乐所描绘的形象。 ④ 探究音乐与戏剧表演之间的关系，根据音乐编配肢体动作，完成一段综合艺术表演。 3. 音乐欣赏《海上的黎明到中午》 ① 结合学生印象派绘画、诗歌等欣赏作品，探究印象派风格的主要特点。 ② 聆听音乐，运用"听音乐绘画"的方式，体会作品采用短小、零碎的旋律，不规则的节奏、丰富的器乐音色以及多变的和弦所描绘的不同光线照耀下多姿多彩的大海形象。 4. "配乐故事"综合艺术的设计与演绎 ① 开展"配乐故事"中，讲述语气，情绪的变化与音乐的速度、节奏和情绪变化结合。 ② 组织排练、修改和展示。	学习资源： ① 三首作品的音频、乐谱。 ② 在学校学习平台上分享介绍"印象派"风格特点的资料和绘画作品。 ③ 瓦格纳继承并发展的"主导动机"的概念介绍。 ④ 歌剧《漂泊的荷兰人》片段。 ⑤ 电影《一曲难忘》片段。

非核心问题	学习实践	支持性任务	素材资源 学习支架
1. 如何多角度探索大海与生活之间的联系？	① 每个组员从自己生活经验或社会经验出发，独立思考自己对大海的印象。 ② 通过讨论、交流等方式收集、整理、分析资料。	收集、整理、分析资料。	学习支架： 《我（们）和大海的故事》资料收集、整理与分析结果汇总单（见附录）。
2. 如何完成《我（们）和大海的故事》文本创作？	① 确定《我（们）和大海的故事》概要，以及表达的核心思想与情感。 ② 撰写文本。 ③ 以小组讨论的方式，进行文本修改。	完成文本撰写。	学习支架： 《我（们）和大海的故事》电子文稿纸。
3. 如何收集、整理、分析音乐？	① 根据搜索关键词在音乐网站上收集音乐作品。 ② 准确分析音乐所描绘的形象，表达的情感以及风格特点。	选出一首合适的配乐。	1. 素材资源： 音乐库。 2. 学习支架： 音乐分析单。

4.如何把"讲述"与音乐融合在一起。	① 准确分析《我（们）和大海的故事》中不同段落情绪情感发展的变化。 ② 准确分析选定音乐不同段落情绪情感的发展变化。	用合适语气，结合表现要素，如力度、速度、音色等完整地讲述故事。	学习支架： 《项目任务之讲述文本》（见附录）。

备注：教师根据对学生可能遇到问题的预测，提前规划解决核心问题与非核心问题的方案、准备素材资源并提供学习支架。实际操作时，教师可以根据学生的需求及时给予指导。

（四）组织成果展示

在出项环节，组织学生参加"配乐故事"竞赛活动。

（1）分发作品评价表，并做简单解说。

（2）分发评分表，学生根据评价量表记录每个小组的成绩。

（3）分发选票，指导学生从中勾选出三个分值最高的作品。

（4）每个小组依次上台展演，架好摄像机，进行全程摄录。

（5）现场投票，由同学负责唱票、写票和监票。

（6）现场公布班级最佳作品。

各班完成比赛后，将各班选出的三个，年级共十八个优秀作品的表演视频推送到学校的微信公众号，以公开展示的形式让更多人能够欣赏到学生们的创意与才华，也让学生体会到学习的价值与意义。尤其是当自己的作品得到认可，学生们的自信心和成就感会大大提升，进而激发学生的学习动机，鼓励他们在未来的学习中更积极地参与和探索。此外，公开展示优秀作品还能够为其他学生树立榜样，激发他们追求卓越、勇于创新的精神。

四、项目反思

（一）完成评价

公布本次项目化学习《我（们）和大海的故事》作品评价表的"师评"结果，并组织学生完成以下评价表。

1.完成《我（们）和大海的故事》学习过程自评表。

2.完成《合作与交流能力评价表》。

3.完成《个人任务完成情况评价表》。

（二）统计数据

教师可以结合班级过程性与终结性评价结果，全面评估本次项目化学习实施效果。这种评估不仅有助于重新审视项目的有效性，还能为项目的持续优化和迭代设计提供依据。

以下情况表的设计以"优秀""良好""合格"以及"不合格"四个标准对素养目标各班达成情况进行更为全面的统计，以这个方式获得的数据能够让反思更有针对性。

1. 艺术素养目标达成情况

《艺术素养目标达成情况表》是依据教师课堂观察，根据《我（们）和大海的故事》作品评价结果、《作品分析单》完成情况评价表、《音乐课堂学习及作业检查情况记录表》中的数据进行填写。

《艺术素养目标达成情况表》

班级：

维 度	优 秀	良 好	合 格	需努力	评价结果
审美感知素养	准确辨析音乐表现要素；积极参加所有艺术实践活动且表现优秀。	较为准确地辨析大部分音乐表现要素，对个别要素的理解和辨析稍有偏差；参加大部分艺术实践活动且表现优秀。	基本辨析常见的音乐表现要素，但对一些复杂要素的辨析存在困难；参加大部分艺术实践活动，不太积极。	不能辨析常见的音乐表现要素，不参加大部分艺术实践活动。	优 秀
					良 好
					合 格
					需努力
艺术表现素养	能够根据音乐表现要素，准确分析音乐表达的情绪与情感。	能够根据音乐表现要素，较准确地分析音乐表达的情绪与情感，但在一些复杂或独特的音乐作品分析中可能存在一定偏差。	能够根据音乐表现要素，分析音乐表达的情绪与情感，基本把握常见音乐作品，但分析的深度和准确性有待提高。	对作品的分析结果存在较多不准确或不完整的情况。	优 秀
					良 好
					合 格
					需努力
创意实践素养	能够根据文本创作选择合适的音乐，实现完美搭配。	所选音乐与文本大部分内容匹配度较高，偶尔在细节上可能存在一些不太完美的搭配。	所选音乐在整体方向上与文本相适应，但在某些方面还有一定的提升空间。	根据文本选择音乐存在较大的偏差。	优 秀
					良 好
					合 格
					需努力
文化理解素养	能够对"人与自然"的关系有思考，且视角独特、新颖，给人带来启发。	提出新的观点和见解，给人一定的启发，思考有一定的深度但可能在某些方面不够全面。	观点较为常规，但没有明显错误。	观点缺乏新意，缺乏深度和独特视角，难以给人带来启发。	优 秀
					良 好
					合 格
					需努力

2. 关键能力目标达成情况

《关键能力目标达成情况表》是以"小组"为评价对象，依据教师课堂观察以及《我（们）和大海的故事》作品评价结果、《资料收集、整理与分析结果汇总单》完成情况评价表以及《我（们）和大海的故事》学习过程自评表中的数据进行填写。

《关键能力目标达成情况表》

班级：

维　度	优　秀	良　好	合　格	需努力	评价结果
高阶认知策略运用能力	能准确分析问题，预想各种方案，并做出决策；文本创作中能够准确找到个人与大海之间可信的逻辑关系；能对故事的整体结构进行系统的规划和分析，使其层次分明、主次清晰。	能较准确地分析问题，做出的决策具有一定合理性；在文本创作时，能够找到个人与大海之间较可信的逻辑联系，使文章具备一定说服力。	能分析问题，提出部分可行方案，决策基本能满足需求；在文本创作时，能建立起个人与大海之间简单的逻辑关系，虽不复杂但能自圆其说。	分析问题不够准确，预想的方案较少或可行性较低，决策缺乏周全考量；文本创作时，难以找到个人与大海之间清晰可信的逻辑关联，内容缺乏连贯性。	优　秀 良　好 合　格 需努力
中低阶认知策略运用能力	能够围绕任务高效地完成信息收集、整理、分类、对比、分析和推理。	能够围绕任务较好地完成信息收集、整理、分类、对比、分析和推理。	信息收集，整理和分类工作基本达标，但信息的相关性和完整性存在一定欠缺。	信息收集、整理和分类工作混乱，无法有效筛选出关键信息。	优　秀 良　好 合　格 需努力

3. 成功的技能目标达成情况

《成功的技能目标达成情况表》是以"小组"为评价对象，教师依据学生提交的项目规划书、任务分配书数量和质量，项目规划与《我（们）和大海的故事》作品评价结果之间的关联、《项目进度反馈表》、《个人任务完成情况评价表》以及《交流与合作能力评价表》结果进行填写。

《成功的技能目标达成情况表》

维　度	优　秀	良　好	合　格	需努力	评价结果
项目规划的可行性	项目规划非常详细和完整，整个学习过程与规划之间关联达到80%以上。	项目规划较完整，整个学习过程与规划之间关联低于80%高于60%。	项目规划较为简单，学习过程与规划之间关联低于60%高于40%。	项目规划不完整，整个学习过程与规划之间关联低于40%。	优　秀 良　好 合　格 需努力
任务分配的有效性	每个组员都能参与项目学习、承担项目任务，且80%以上学生高质量地完成了任务。	每个组员都能参与项目学习、承担项目任务，且60%以上学生高质量地完成了任务。	大部分组员参与项目学习、承担项目任务，且40%以上学生高质量地完成了任务。	部分组员没有参与项目学习、承担项目任务，且40%以下学生高质量地完成了任务。	优　秀 良　好 合　格 需努力

（续表）

维　度	优　秀	良　好	合　格	需努力	评价结果
项目推进的高效性	在项目实施过程中，能够通过反思找到并解决现阶段遇到的问题，高效地推进项目进程。	在项目实施期间，能够定期反思，及时解绝大部分问题，整体项目进展顺利。	在项目实施期间，能够进行反思，对问题有一定的解决能力，偶尔会因问题解决不及时出现小的延误，不过最终能完成阶段性目标。	在项目实施期间，很少主动反思，对项目中出现的问题察觉不及时，常等到问题严重才有所发现；项目推进效率低下，严重影响项目整体进展。	优　秀 良　好 合　格 需努力
小组合作的紧密性	80% 以上的学生都对于本次项目中，同伴们倾听与回应的态度、分工合作的效果给予"优秀"评价。	低于 80% 高于 60% 的学生对于本次项目中，同伴们倾听与回应的态度、分工合作的效果给予"优秀"评价。	低于 60% 高于 40% 的学生对于本次项目中，同伴们的倾听与回应的态度、分工合作的效果给予"优秀"评价。	低于 40% 的学生对于本次项目中，同伴们的倾听与回应的态度、分工合作的效果给予"优秀"评价。	优　秀 良　好 合　格 需努力

　　优秀标准中的"比例"并非固定不变的，教师依据学生的实际情况进行预先设定。笔者在接触学生后，将他们与以往学生进行对比，参照与他们能力最为接近的一届学生所使用的"比例"进行评价。在完成一次项目后，可根据这届学生的真实状况重新进行设定。

（三）分析与反思

　　教师可以对《艺术素养目标达成情况表》《关键思维能力目标达成情况表》《成功的技能目标达成情况表》中的数据进行统计和整理，通过生成可视化的"图表"对本次项目化学习目标的达成情况进行进一步分析、反思，并提出改进建议。

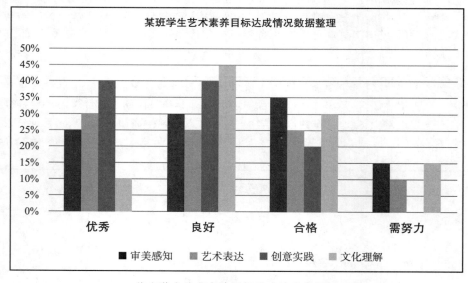

某班学生艺术素养目标达成情况数据图

教师依据该数据对该班学生的学习情况进行分析：创意实践素养的合格率为100%，优良率达80%。对比审美感知素养，优良率同样较好，可见本次成果展示是与学生审美感知能力紧密相关。然而，在学习过程中反映出学生的艺术表达能力较弱，文化理解素养的优秀率也较低。

结合整个年级艺术素养目标达成情况的数据进行全面反思。如，该班级的创意实践素养略低于年级平均水平，反映出整个年级学生创作的作品质量普遍较高，表明"配乐"这一学习任务的设计能够满足绝大多数学生创新的需求；在文化理解素养方面，整个年级的优秀率偏低，这表明六年级学生在联系生活、通过观察自然，引发深入思考的能力还有待进一步提高。而六年级某班在艺术审美、表达和创意实践能力落后于年级平均水平，这与该班级学生原有音乐基础、学习习惯和学习态度有关，这一分析结果提醒教师要在这些方面给予学生更多关注。

附录1：驱动性问题分解（略）

（见本书上篇第一章节"怎样设计驱动性问题"。）

附录2：学习支架

① 项目规划书（填写建议）

主　题	《我（们）和大海的故事》	组　名		结合小组成员的特点，起一个响亮、有趣且有特点的组名	
研究的目标	如，用音乐表现我们对大海"……"特点的感受、认识和理解				
研究的方法	如，文献研究、比较研究、内容分析等				
研究的步骤	如，问题定义、数据收集、数据分析、讨论、结论、创作、修改等				
预期的成果	如创作的文稿、选配的音乐，设计交流PPT等				
任务分配					
序　号	内　容		负责人	参与人	预计完成时间
1	把"做什么，怎么做，做到什么程度"写具体		1人	2—3人	规划四周时间
2	……		……	……	……

② 团队协议书

项目名称：	
小组名称：	

经小组成员约定，本着合作、平等、互勉、共同进步的原则订立本协议。

小组目标：＿＿＿＿＿＿＿＿＿＿＿＿＿＿＿

任务分工：

组　员	岗　位	具体分工

约定合作准则：

＿＿

＿＿

如果小组成员违反共同约定，可召开团队会议，要求该成员遵守约定。如果该成员依旧没有做到，在80%组员的一致赞同下，可以向老师申请不予赋分。

组员签名：＿＿＿＿＿＿＿＿＿＿＿＿＿

协议时间：＿＿＿＿＿＿＿＿＿＿＿＿＿

③ 问题解构单

任务（一）	请以"滚雪球"的方式选择感兴趣的问题思考，开展分享与交流： ① 你曾和大海有过怎样的接触？它给你留下怎样的印象？ ② 对大海的印象是否引发你对历史、对未来、对自己的思考呢？ ③ 如何找到"原创故事"与选配音乐之间的联系？ ④ 设想可以运用哪些方法、角度分析音乐？ ⑤ 音乐如何与"讲故事"这种表达方式结合，带来感染力？
任务（二）	用"思维导图"方式呈现小组对问题的思考：
任务（三）	结合本组组员的兴趣，提炼出本组组员需要在本次项目学习中解决的问题：

④ 作品分析单

作品名称：		小组名称：	
思　考		讨　论	发言人
歌曲中的"大海"象征着什么？			
创作者通过"大海"表达了怎样的情感？			
歌曲中主要运用了以下哪些音乐要素表达情感？ □旋律　□音色　□力度　□速度　□调式　□节奏			
歌曲的表演者如何表达歌曲的情感？			

备注：请记录参与每个问题讨论的发言人。

⑤ **项目学习进度反馈表**

项目主题：	小组名称：	
表格填写时间：		
已经完成的任务：		
任务完成情况反馈	需要改进：	下一个阶段的研究规划：

⑥**《我（们）和大海的故事》资料收集、整理与分析结果汇总单**

	姓　名	对大海的印象与认识、发生的联系或者有趣的故事	故事的内核分析
学生 1			
学生 2			
……			

⑦ **项目任务之讲述文本**

段　落	文　本	音　乐	语气、语速与力度
1		段落 1：___ ' ___ " — ___ ' ___ "	
2		段落 2：___ ' ___ " — ___ ' ___ "	
……		……	

五、案例

教学设计：《海之韵——与大海的交响故事》

上海杨浦双语学校　赵　湘

【**教学内容**】蔚蓝之海（上海音乐出版社义务教育教科书（五·四学制）·艺术·音乐）

【**教学课时**】第四课时

【**教学对象**】六年级学生

【**教材分析**】

☑《"漂泊的荷兰人"序曲》：管弦乐曲，序曲体裁，序曲中呈现了歌剧作品中的多个主导动机，如暴风雨中的荷兰船长、美丽的珊塔、水手合唱动机等。作曲家瓦格纳运用了"主导动机"将戏剧张力、场景、人物形象以及抽象的情感与音乐具象连接起来，这种创新极大地增强了管弦乐的表现力。序曲中，作曲家发挥了木管、弦乐、铜管等乐曲的音色特点，圆号吹奏出船从远方驶来的氛围感，用弦乐层叠奏出大海的汹涌咆哮，英国管的美妙旋律预示着剧中女主角珊塔的命运。其中，通过多声部的交织与协作，荷兰船长驾驶着大船漂泊在暴风雨中汹涌澎湃、咆哮奔腾的大海中的景象尤为生动，充满了感染力。

☑《海上的黎明到中午》：管弦乐曲，交响诗体裁，印象派代表作。作曲家有意减弱主题的旋律性，产生细碎而别致的音响效果，营造出模糊朦胧的印象风格。该作品不刻意表现心理情感体验，更多地表现大海带给我们变化莫测的视觉景象，着重描绘瞬间的光影变化中大海的美。在和声调式的进行上，突破传统大小调体系的束缚，使音乐色彩更加丰富。器乐音色上不追求戏剧性和冲突性，更注重表现出纯净、透明、柔和、朦胧的声音效果，营造虚空变换的效果。

【学情分析】

经过小学五年的学习，学生已经能够识别和区分常见的音乐要素的特征，如旋律行进的起伏、节奏的疏密、速度的快慢和力度的强弱等。此外，学生们也积累了一定的多声部歌唱和小型打击乐器多声部演奏的经验。本单元共设计6课时，经过前三节课的复习与新知识的学习，学生对于这些音乐要素以及它们在音乐中的作用已经有了一定的认识与理解。然而，在运用音乐要素表达情感、塑造音乐形象的应用能力，以及感知作曲家通过多声部的交织与协作创造出丰富、立体和生动的音响效果的认知能力上还有待提高。

从思维发展水平来看，六年级学生正处于形象思维向抽象思维过渡和发展的重要时期，教师可以借助肢体律动、绘画等多元的体验方式，搭建学习支架，帮助学生更好地理解音乐。

【设计思路】

1. 项目驱动

本课学习聚焦项目化学习第三个子问题的探究："如何将音乐与其他艺术形式结合？"，以及子任务"根据故事的内容，选配合适的音乐"的完成。

第三个子问题的探究是在学生完成第二个子问题探究的基础上，借助两首经典音乐作品的学习，落实核心知识在新的问题、新的情境中的学习运用，以及对"音乐与其他艺术形式联系"的建构。在教学规划时，教师把学生完成项目子任务所需的关键知识和技能，嵌入到具体作品学习与探究中，让本课中所有的教学活动都能成为学生完成项目成果的助力。当学生能明确学习的价值和意义，就能够激发其持续探究的热情和动力，更加积极主动地投入学习中，不断提升自己的音乐素养和综合能力。

2. 思维培育

从思维发展一般规律来看，初中阶段是学生从形象思维向抽象思维过渡的关键时期。基于这一特点，教师可以设计直观、生动，伴随着丰富肢体表达和视觉观察的艺术实践活动，如用肢体动作，拍奏节奏的方式演绎多声部交织协作的音响效果，满足该阶段学生形象思维较为成熟的状态，培育学生的想象力。也可以设计一些具有挑战性的问题，如：多声部相互交织和协调能够带给人们怎样的听觉感受？引发怎样的联想？对描绘大海形象起到怎样的作用？瓦格纳创作的大海形象与德彪西笔下的大海有怎样的不同？这些问题需要学生运用推理、归纳、分析等认知策略来解决，促进抽象思维能力的逐步提升。

3. 学科综合

本课切实贯彻新课标所提出的"课程综合"理念，深入挖掘作品内涵以及最能体现审美价值的典型特征，设计了"赏画""赏乐"与"画画"环节，借助与姐妹艺术的联系来丰富艺术课程的内容，使学生在多维度感官体验中深刻地领悟艺术与生活的紧密联系，并在不同艺术门类之间的相互影响和融合中，激发他们的创造力和想象力，实现协同育人的学科目标。

【教学目标】

1. 欣赏《"漂泊的荷兰人"序曲》和《海上的黎明到中午》，通过识读多声部管弦乐乐谱、肢体律动和视觉艺术观赏与体验，发挥"联觉"机制，侧重旋律发展的形态、器乐音色、和声色彩等音乐要素的典型特征听辨，感受多声部交织与协作所带来立体、丰富的听觉效果，准确想象形态迥异的大海形象，感受大海的力量之美与色彩之美，丰富审美感知体验，提升审美感知与文化理解素养。

2. 能够初步识别印象派音乐风格，了解该音乐风格形成的主要原因，从风格与情绪角度找到音乐与其他艺术之间的联系。

3. 能够从作品背后的故事中体会"人与大海"之间的联系，引发对大自然的思考。

4. 尝试将"人与大海"的故事主题扩写，结合音乐进行配乐故事。

【教学重点与难点】

1. 通过多声部的协作演奏和听音乐选画的活动，感受不同作品中大海的形象。

2. 尝试对"人与大海"故事主题进行扩写，准确听辨音乐风格与情绪，完成配乐故事。

【教学过程】

一、导入

音乐与故事。

【关键设问】音乐与语言描绘的故事之间有着怎样的联系？

1. 教师分享两个音乐家（德彪西、瓦格纳）与大海之间的故事。

2. 从两段音乐中选择更适合为故事配乐的片段，说明原因。

音乐①:《海上的黎明到中午》第一乐段主题

音乐②:《"漂泊的荷兰人"序曲》中"暴风雨"主题

导入课题：今天我们一起来探寻两首描绘不同景象、表达不同情绪，有着不同风格的作品带给我们怎样的听觉体验？随后，将自己带入作曲家的角色中，在适合的音乐伴奏下，讲述"我和大海的故事"。

> **设计思路：**
>
> 　　以活动方式引导学生运用所学的音乐表现要素赏析作品，从而引出本课探究的问题，以及所要完成的子任务，激发学生在新的情境中主动构建新知识。

二、新授课

（一）欣赏《"漂泊的荷兰人"序曲》

【关键设问】旋律发展、多声部相互交织带来怎样的音效？

1. 识谱

【设问】不同声部的节奏、旋律以及音色有怎样的特点？想象音乐所描绘的形象？

$$声部1: \frac{6}{4} \; X \; | \; X--X-X \; | \; X-XX-- \; | \; 0\,0\,XX-X \; | \; X--X-- \; |$$

$$声部2: \frac{6}{4} \; \underline{X\,X\,X\,X\,X\,X} \; \; \underline{X\,X\,X\,X\,X\,X} \; | \; \underline{X\,X\,X\,X\,X\,X} \; \; \underline{X\,X\,X\,X\,X\,X} \; :\|$$

$$声部3: \frac{6}{4} \; \overset{x}{\underset{\iota}{X}}\,X\;-\;-\;\;\overset{x}{\underset{\iota}{X}}\,X\;-\;-\;|\;\overset{x}{\underset{\iota}{X}}\,X\;-\;-\;\;\overset{x}{\underset{\iota}{X}}\,X\;-\;-\;:\|$$

活动：

① 将学生分成三个小组，每个小组负责一个声部，选出一位声部长。（座位见下图）

座位图

② 聆听音乐，识读乐谱，熟悉节奏。

③ 展开联想，用肢体表演表现出音乐所描绘的景象。

2. 分享交流

【设问】为什么为自己声部设计这样的肢体表演？

3. 多声部音乐体验

【设问】相互交织的音乐描绘了怎样的大海？

活动：听音乐，看着老师的指挥，随着声部的变化，以多声部合作的方式完成片段演绎。

4. 介绍"序曲"体裁，以及瓦格纳继承与发展的"主导动机"概念和作用

活动：

（1）将"主导动机"与音乐片段相连。

动机①	"珊塔动机"
动机②	"水手合唱动机"
动机③	"预示风暴动机"

（2）分享选择的原因。

设计思路：

　　着重引导学生通过听音乐设计肢体表演活动，感受作曲家是如何通过节奏、音色、旋律描绘大海汹涌澎湃的形象，进而通过多声部合作演绎，使他们在这一过程中体会多声部旋律相互交织所带来的更丰富、更立体的听觉感受。以此引发学生对作曲家面对蕴含巨大能量的大自然时，内心所产生的情感共鸣。

（二）欣赏《海上的黎明到中午》

【关键设问】作曲家是如何描绘在不同光线照耀下瞬息万变的大海形象？

师：与瓦格纳不一样，德彪西在创作之前从未见过大海，但日本浮世绘作品、印象派诗歌、绘画都给他留下深刻的"大海印象"。

1.**欣赏绘画作品**（浮世绘作品《神奈川冲浪里》以及经典的印象派绘画作品）

【设问】绘画作品有怎样的特点？描绘了怎样的大海？

2.**聆听乐曲**

师：身处法国的德彪西，对于色彩的喜爱与表达已经成为他作品中的典型特征。

【设问】作曲家如何运用音乐语言来展现不断变化的色彩？

活动：

（1）根据音乐选择画面，并用不同的色彩描摹出多变的色彩。

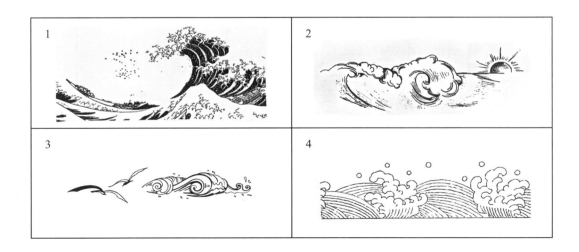

（2）分段聆听，填写表格。

顺　序	主奏乐器	音色特点	描绘的大海景象
1			
2			
3			
4			

（3）分享与交流

设计思路：

　　通过搭建学习支架，将听觉与视觉有机结合，充分激活"联觉"机制，引导学生准确想象音乐所描绘的景象，进而正确理解音乐风格。

　　在填写表格的环节中，借助信息互动平台，学生可以多次聆听音乐片段，同时运用电子画笔进行绘画创作。完成创作后，学生可在平台的"讨论"板块提交自己的学习成果。这种方式不但让艺术实践活动得以高效开展，而且方便学生之间相互分享学习成果与心得。

三、小结

　　通过欣赏两首经典管弦乐作品，既有用戏剧性手法展现了充满力量的大海，又有用印象派手法展现出自然带给我们变化莫测的视觉景象，同学们是否都能够把握住作品的风格和情绪情感的表达呢？

　　布置学习任务：从两位音乐家的故事中任选其一，用第一人称的视角对故事进行补充完善。通过这种方式，既能让故事变得更加完整、生动，又能从中挖掘出对现代人具有启发意义的内容。对相关音乐进行剪辑处理，在剪辑好的音乐伴奏下，富有感情地讲述所补充的故事，在下周的课堂中进行分享。

项目主题二、《"献给最爱的人"线上音乐会》

涉及教材	上海音乐出版社义务教育教科书（五·四学制）·艺术·音乐 六年级上册　第二单元　茱萸重阳
适用年级	六年级
涉及学科	学科项目（音乐）
总课时数	5 课时

一、项目启动

（一）选定主题

1. 教材分析

第二单元"茱萸重阳"以"节日文化"为人文主题，选取了《采桑子·重阳》《夕阳红》《当你老了》《萱草花》等作品。

五首歌曲的关联性解读如下：

☑《采桑子·重阳》：歌词选自毛泽东同志在重阳节登高赏景时，有感而发创作的一首同名诗词，作曲家邹野为此词创作了歌曲。该作品是电视剧《寻路》的主题曲，讲述了 1927 年大革命失败后，以毛泽东、周恩来为代表的中国共产党人顽强坚持革命斗争的故事，表达了一位伟大革命家对中国光明未来的憧憬和追求，展现了革命乐观主义的精神风貌。歌曲为二段体结构，旋律优美流畅，歌词精练有意境，情感基调沉思深情，展现了在对生命和历史的深刻反思之后，对祖国深沉的爱和无比坚定的信念。这首作品的学习可以侧重于"旋律起伏、人声音色以及力度变化"等音乐表现要素的感知、体验，借助对诗词意象的联想，进而理解音乐语言对情感表达的重要作用。

☑《夕阳红》：该曲原是为一档反映老年人生活栏目《夕阳红》创作的歌曲。歌词描绘了新时代老年人寻找人生真谛、感悟生命的故事，能给人带来温暖和力量。歌曲旋律优美，富有歌唱性。每个乐句的小节数都相同且是偶数，属于方整型乐段，二段体结构。这是本单元的歌唱作品，可以侧重于"曲式结构与音乐情绪情感表达之间关系"进行探究，着重提高学生力度、音色的控制与表现能力，使学生能够准确、完整地用歌唱方式表达真挚的情感。

☑《当你老了》：歌词源自一首英文诗歌，描绘了人们对于所爱之人随岁月流转而逐渐老去的深深感慨，抒发了对家人的深切思念。歌曲六八拍，中速，结构规整，旋律优美。摇晃感的韵律仿佛让人进入了时光隧道，见证了亲人的老去，从而更为珍惜今日的时光。歌曲的情感基调忧伤怀念，传达了人们内心深处对亲情的珍视和渴望。这是本单元的欣赏作品，针对这首作品的学习，可以侧重于"音乐节拍以及曲式结构"等音乐要素的感知和体验，以及对诗词意象的联想，理解它们对情感表达的重要性。

☑《时间都去哪儿了》：歌曲采用"借景抒情"的方式抒发了人们对时光流逝的无奈和对生命短暂的感慨。歌曲四四拍，二段体结构，慢速。歌曲用平实、质朴的歌词，亲切温暖的旋律，表达了子女对父母的感恩之情。歌曲情感基调深情，但略带忧伤。

☑《萱草花》：这是电影《你好，李焕英》的主题曲，主要描绘了母亲与女儿之间的深厚情感，表达了对离世母亲的思念之情。歌曲三四拍，结构规整，方整型乐段，三段体。歌曲感情基调温馨而深情，三拍子独特的韵律感与歌词相得益彰。这是本单元的歌唱作品，对于这首作品的学习，可以着重指导学生掌握正确的歌唱方法，能够用圆润、优美的声音表达内心情感，并鼓励他们做一些创意表达。

基于作品的分析，它们之间的关联性如下：

① 这些作品都深刻映射了时间流逝对生命的影响，诉说着一个不变的真理：尽管生命随着时间的不断变化，人类内心深处对于那份永恒不变的情感的渴望、追寻与珍视却始终如一。

② 作品体裁都属于抒情歌曲，具有抒情歌曲的典型特征。如直接或间接地抒发人物的思想感情，一般结构规整，中等速度，节奏舒缓而多变化，旋律优美。作品常以甜美柔和、幽静平稳、深情沉思、悠然轻声等感情为基调。

③ 选取的作品都是用歌唱形式来抒发情感，因此创作者、表演者要根据歌曲的感情基调和风格特点，精心设计演绎方式，使歌曲能够触动听众的心灵，实现艺术与情感的完美融合。

2. 研读课程标准

（1）核心知识

从本质上讲，一切艺术都是人类表达思想感情和观念的实践活动，音乐亦是如此。音乐教育不仅需要引导学生结合对音乐要素的分析，理解音乐表达的情感内涵，还要帮助学生用音乐的方式来抒发情感。这是因为音乐拥有情绪调控功能。在新课标中，六年级音乐学习的总体要求为：能选择合适的音乐作品表达自己的情感，编创与展示简单的音乐作品，具有一定的想象力和创造力。第三学段的音乐学业质量中有了更为具体的描述：能运用所学知识和技巧进行演唱、演奏，在情感表达、准确性、流畅性、完整性等方面基本达到作品要求，在表现上体现一定的创意。

基于本单元的主题情境和作品的典型特征，以及课程标准对于第三学段起始年级的具体要求，提炼出学生需掌握的学科核心知识，即：音乐是用有组织、有意义的语言表达思想、抒发情感的。

（2）理解目标

新课标强调：义务教育艺术课程以立德树人为根本任务，培育和践行社会主义核心价值观，着力加强社会主义先进文化、革命文化、中华优秀传统文化的教育。

本单元从不同角度选取了与重阳节有关的作品，该民俗节日活动有登高、赏菊、插茱萸等，它们背后蕴含着中华民族特有的价值取向，如思乡、孝老爱亲、白头偕老、母慈子孝等传统美德。

基于课程标准的要求，结合单元的人文主题，可以将本单元的理解目标制定为：培养学生从生活的点点滴滴中感受真挚的情感，体会亲情的深厚与珍贵，学会珍惜与感恩。

（3）成功技能目标

在对《我（们）和大海的故事》主题项目化学习的评价与反思过程中，笔者注意到有些小组在项目规划与最终成果展示之间存在明显的不一致性。通过访谈和问卷调查发现问题的根源在于：只有少数小组能够合理有效地管理时间，组员们在遵循初步规划的同时，能够根据实际情况对遇到的挑战进行必要的调整和改进，最终以高质量的成果完成问题探究和展示。相比之下，大多数小组在时间管理方面的能力有所欠缺，导致他们的最终展示往往匆忙收尾，有时甚至未能完成。

为了应对这一挑战，基于对学情的深入分析以及对本单元学习内容的考量，可以把本单元成功技能目标设定为：提升时间管理的能力。

（二）设计驱动性问题

1. 提出问题

如何与亲人合作，合唱一首歌曲，让歌声"声入人心"？

2. 设计展示成果

与亲人一起挑选、分析并合作演绎一首表现亲情的歌曲，并从"音"与"乐"两个角度对作品进行创意性表达。

3. 创设情境

将驱动性问题和成果展示嵌入到学习情境中，激发学生的学习探究兴趣：在繁忙的学习与生活中，同学们是否已经很久没有和最亲爱的人来一场心灵的对话，向他们倾诉心中那份深深的情感，又或者好久没有与亲人紧紧相拥，一起欢笑，一起歌唱呢？

重阳节即将来临。让我们一起参与"献给最爱的人"线上音乐会，与亲人携手合唱一首表现亲情的歌曲，让那动人的音乐"声入人心"，让这些瞬间成为我们共同珍藏的美好记忆。在悠扬的旋律中，我们用歌声传递那些未曾说出口的爱与感激。让音乐成为我们与亲人心灵相通的桥梁，加深彼此的理解与牵挂，让温暖的亲情紧紧围绕在我们身边。

4. 设计思路

笔者以"趣味性""开放性""挑战性""可行性"四个关键要素作为综合考量的依据设计驱动性问题。

（1）趣味性

该问题对初中阶段的学生来说具有较大的吸引力，主要体现在两个方面。**首先是角色的转变，学**

生从传统观念中"小孩"的角色，转变为能够与成人平等探讨的"大人"。他们不再是被动接受指导的对象，而是能够参与到选曲、作品分析、表演方式设计以及共同歌唱的全过程，真正地成为活动的参与者、创造者。这种角色的转变激发了学生内心的热情与积极性，让他们感受到了被尊重以及自身价值的实现。**其次是新颖的活动形式。**本次项目成果的展示采用了"线上音乐会"的形式。这种创新的展示方式打破了传统表演的局限，可以使老师、同学甚至家长都能参与其中，共同为每一次演出欢呼和点赞。

进入初中阶段的学生，在心理上正在经历重要的成长和变化。他们开始形成自己的个性，具备独立思考的能力，内心渴望被尊重和认可。这两个特点恰好满足了学生的心理需求，能够激发他们积极参与项目的热情。

（2）开放性

中华民族注重"亲情"，因此有诸多以"亲情"为主题的歌曲。在这样的背景下，学生在曲目的选择方面拥有较高的开放性。不同的合作团队有着不同的家庭背景，学生各自独特的生活经历、审美偏好以及情感表达方式，在选择作品时能够充分发挥个人的创造力与想象力，对作品进行表达处理时也能展现出别具一格的艺术风采。即便是同一首歌曲，不同团队也可凭借其独特视角与理解，呈现出风格多样的演绎以及不同层次的情感表达。正是这种开放性，得以让学生充分施展才华，也让整个项目充满了无尽的可能性与创新性。

（3）挑战性

本项目的挑战性主要体现在以下两个方面：

首先，学生需要运用"信息收集、整理、分析"等中低阶认知策略完成作品的选择与分析。这不但要求他们不仅要能够收集和整理相关资料，而且要能够深入分析歌曲的内涵和情感表达。**此外，学生还需要运用"创见"这一高阶认知策略，对作品进行创意性的处理**。这意味着他们需要发挥自己的想象力和创造力，为歌曲注入新的元素和解读，使其更加生动感人。

其次，挑战性还表现在歌唱技能和团队合作上。学生需要自己先认识、理解合唱这一演唱形式对于歌唱的气息、声音的位置以及咬字吐字等方面的要求，并初步掌握相关要点。在此基础上，学生还要通过积极的交流与合作，促使所有参与成员在以上这些要求方面达成一致意见。这一过程不仅对学生自身的歌唱技能有所考验，同时也对其交流合作能力发起了挑战。

（4）可行性

本项目以"庆祝重阳节"为主题，重阳节通常在农历九月初九，也就是阳历的10月中上旬。根据新教材六年级上册第二单元的课时安排，本项目实施的时间一般为每年9月底至10月中旬，与重阳节的时间相吻合。这为项目的实施提供了真实且应景的情境。

此外，根据国家法定节假日安排，9月下旬至10月中旬通常会有连续的假期，充裕的时间不仅方便学生与家人一起准备和排练，还有利于线上音乐会的组织和参与，确保了活动的可行性。

二、项目规划

（一）项目简介

本项目选自六年级上册第二单元"茱萸重阳"。本项目共包含 5 课时，学生们将以线上音乐会的方式展示他们的学习成果。

本次项目化学习聚焦"音乐表现力"这一学科核心内容，在复习音乐要素在塑造音乐形象、描绘音乐情境和表达情感的作用基础上，侧重指导学生运用音乐语言进行歌唱表演和创造实践。尤其是理解中华民族特有的民俗文化蕴含的价值观，如孝老爱亲、母慈子孝等传统美德之后，用歌唱的方式抒发情感，赞美亲情的美好与珍贵，提升文化理解素养。

为了实现这一目标，可以把问题探究以及成果展示所需要掌握的知识和技能嵌入在单元作品的学习中，助力学生以"循序渐进、循环往复"的方式掌握抒情歌曲的欣赏以及表达方法。

"献给最爱的人"线上音乐会这一具有意义的公开展示活动，为学生搭建了真实且生动的学习情境。在情境中，学生们能够主动地与亲人展开深入的沟通、交流，运用所学内容与亲人一起以充满感情和表现力的方式完成歌曲的表演，实现了情感的传递与共享，进一步加深了与亲人之间的情感联结，同时提升自身的艺术素养和综合能力。

（二）项目设计

1. 挑战性问题

（1）本质问题

如何运用有组织、有意义的音乐语言表达思想、抒发情感？

（2）驱动性问题

如何与亲人合作，合唱一首歌曲，让歌声"声入人心"？

（3）公布成果展示的内容

与亲人一起挑选、分析并合作演绎一首歌曲，并从"音"与"乐"两个角度对作品进行创意表达。

（4）公布成果展示的形式

在重阳节前后两周内的一个休息日，通过直播的方式开展"献给最爱的人"线上音乐会，由学生及其亲友组成的 18 个团队将带来一场精彩的合唱演出，向最爱的人献礼。

（5）子问题

① 驱动性问题的解决方法和路径有哪些？

② 音乐与歌词如何完美融合？

③ 如何准确且生动地表达歌曲的情感？

2. 设计项目目标

（1）通过听、唱、奏、动等艺术实践活动，结合旋律、力度、曲式、节拍等音乐表现要素，感知和体验歌曲所表达的情绪情感。知道抒情歌曲的典型特征，体会其情感基调，学习正确的歌唱方式，能准确且有表现力地完成歌曲演唱，提升审美感知和艺术表达素养。

（2）能与亲人一起合作演唱，传递真挚情感，提升文化理解素养。

（3）能够运用信息收集、整理、分析能力以及决策能力，挑选、分析歌曲，并对作品进行创意性设计和表达，提升创意实践素养。

（4）利用学习支架，主动进行学习进程反思，着重提升学习效率以及管理学习时间的能力。

3. 设计评价计划

（1）过程性评价

① 学习态度自查表

合作学习是一种较为高效的教学方法，不仅能够增强学生的沟通和协作技能，还有助于锻炼他们的思维能力。在组织学习小组时常会遇到这样的挑战：一些学生可能因为性格内向或更习惯于独立学习，在团队合作中不太愿意表达自己，导致参与度较低。长此以往，不仅限制了他们思维的活跃性，还可能对整个团队的表现带来负面影响。

为了解决这一问题，笔者设计了"学习态度自查表"这一评价工具。它是从"问题探究"和"任务完成"两个维度设计的评价量表，以具体的数字作为衡量标准。评价标准中的"数字"并非固定不变，教师可以依据实际情况进行预先设定。

《"献给最爱的人"线上音乐会》学习态度自查表

	维　度	计　分
1	我在课堂或者课外小组讨论中共做了（　）次关键性发言。 □优秀（＞5次）　□合格（＞2，≤5次）　□需努力（≤2次）	
2	我代表小组在课堂上进行发言（　）次。 □优秀（＞3次）　□合格（≥2，≤3次）　□需努力（≤1次）	
3	我准时参加课外的研究、讨论与学习次数共（　）次。 □优秀（＞3次）　□合格（≥2，≤3次）　□需努力（≤1次）	
4	我参加了（　）次作品排练。 □优秀（＞3次）　□合格（≥2，3次）　□需努力（≤1次）	
5	我承担了这次项目的任务共（　）次。 □优秀（＞3次）　□合格（≥2，≤3次）　□需努力（≤1次）	
	总分	
等第	□优秀（＞15分）　□合格（≥6，≤15分）　□需努力（≤5分）	

备注："优秀"记5分，"合格"记3分，"需努力"记1分。

这一自我评估过程不仅有助于学生直观地识别自己在团队学习中的思维活跃度，而且能够激励他们更加主动地参与小组讨论和各项活动。通过这种方式，学生能够更好地理解自己在团队中的角色，明确如何更好地与他人协作，进而提升整个团队的学习效果。

②"项目里程碑"评价表

本次项目化学习，学生要完成"项目里程碑"评价表的填写。这是用于督促学生进行科学规划并按时完成项目任务的一种学习工具（详见附录），旨在通过过程性评价和总结性评价两个维度，全面考察学生在项目任务中的完成情况，促使他们反思自己在项目各阶段的表现，并做出调整和改进，有助于提升学习效率以及管理学习时间的能力。

"项目里程碑"评价表

维　度	优　秀	良　好	合　格	需努力	师　评
过程性评价	完整且详细地记录每一个任务的完成情况；能够根据实际情况及时调整规划；能够按照调整过的项目规划书在每一个阶段完成一定数量的子任务，高效推动项目的进度。	记录任务的完成情况；能够根据实际情况调整规划，但有时候不是很及时；能按照项目规划书在每一个阶段完成一定数量的子任务，有序推动项目的进度。	简单记录任务的完成情况，有时候有部分缺漏；没有能够根据实际情况调整规划；在每一个阶段完成一部分的子任务，拖延了项目的进度。	没有记录任务的完成情况；在每一个阶段都拖延了大部分的子任务，最终没有完成项目任务。	
总结性评价	详细记录公开的作品名称、展示形式、作品特色；能够按时并高质量地完成所有的学习任务，且在作品评价中获得"优秀"或者"良好"的评价。	记录公开的作品名称、展示形式、作品特色；能够按时完成所有的学习任务，且在作品评价中获得"良好"或者"合格"的评价。	填写的公开的作品名称、展示形式、作品特色有部分缺漏；完成所有的学习任务，评价中获得"合格"的评价。	填写的公开的作品名称、展示形式、作品特色缺漏大部分内容；没有完成所有的学习任务，评价中获得"需努力"的评价。	

③ 课堂学习检查情况记录表

该记录表主要用于课堂上教师以提问的方式检查学生在上一节课或者前一阶段学习情况。

《"献给最爱的人"线上音乐会》课堂学习检查

1	作业检查： 教师布置了《重阳诗词收集及鉴赏单》，同学们从众多重阳主题的诗词中精选出五首诗词，对诗词描绘的景象，抒发的情感进行深度赏析。 评价标准： 从重阳诗词选择是否具有代表性、诗词背后的内涵是否挖掘的透彻，联系诗人生平、时代背景，是否对诗词抒发的情感把握的准确进行评价。
2	成果分享： 同学们合作完成配乐诗朗诵《当你老了》的视频拍摄，分享几个作品，请同学们说说他们的设计是否合理？有没有更好的建议？

3	作业检查： 上周我们学习了歌曲《夕阳红》，本周以小组合作方式依次演唱，并分享歌曲音色、力度和演唱形式设计的原因。 评价标准： 从"音准、节奏的准确性""音色、力度和速度的设计与情绪情感的表达契合度"两方面进行评价。
4	课堂学习关键设问： 聆听合唱版《萱草花》，说说该版本对三个乐段做了哪些改编和艺术处理？你更喜欢哪个？为什么？

（2）总结性评价

①作品评价表

《"献给最爱的人"线上音乐会》作品评价表

维度		优秀	良好	合格	需努力	生评	师评
准确歌唱（50分）	音准（20分）	整首歌曲音准的准确度达到80%以上。	整首歌曲音准的准确度高于70%低于80%。	整首歌曲音准的准确度高于60%低于70%。	整首歌曲音准的准确度低于60%。		
	节奏（15分）	整首歌曲演唱的节奏很稳定，准确率在80%以上。	整首歌曲演唱的节奏较稳定，准确率高于70%低于80%。	整首歌曲演唱的节奏准确率高于60%低于70%。	整首歌曲演唱的节奏准确率低于60%。		
	完整性（15分）	能够完整且流畅地演唱全曲。	能够完整演唱全曲。	能够完整演唱全曲，但中间有一部分有卡顿。	没有完整演唱全曲。		
有表现力地歌唱（50分）	音色（20分）	能够根据音乐的情绪情感准确地调控音色，使音色与情感表达一致。	能够根据音乐的情绪情感调控音色，但是有少部分音色与情感表达不一致。	能够根据音乐的情绪情感调控音色，但是大部分音色与情感表达不一致。	音乐的音色与情感表达不一致。		
	力度速度（30分）	能够用准确的力度与速度演唱歌曲；能够根据音乐中情绪的变化与发展，调整力度与速度，引发听众的情感共鸣。	歌唱的力度与速度和歌曲的情绪保持一致；能够根据音乐中情绪的变化与发展，调整力度与速度，大部分准确，带来美的享受。	歌唱的力度与速度和歌曲的情绪基本相符，偶尔会出现不匹配的情况；能够根据音乐中情绪的变化与发展，调整力度与速度，大部分不准确，影响整体美感。	歌唱的力度与速度和歌曲的情绪情不相符；没有根据音乐中情绪的变化与发展，调整力度与速度，缺乏表现力。		
	附加分：创意性表演（10分）	设计创意性表演，对歌曲的情绪情感表达起到良好的推动作用。	设计了创意性表演，对歌曲的情绪情感表达起到一定的作用。	设计了创意性表演，对歌曲的情绪情感表达起到较小的作用。	没有设计创意性表演。		

备注："优秀"评价的分值是每一档的满分，每下降一个档位减去3分。

②《个人任务完成情况评价表》

本项目的《个人任务完成情况评价表》可以参照本书下篇第一个项目《我（们）和大海的故事》进行设计。结合本项目的任务修改"维度"与"责任"。

③《倾听、交流与合作评价表》（略）

详见本书下篇第一个项目主题《我（们）和大海的故事》中的评价表。

4. 设计项目实施框架图

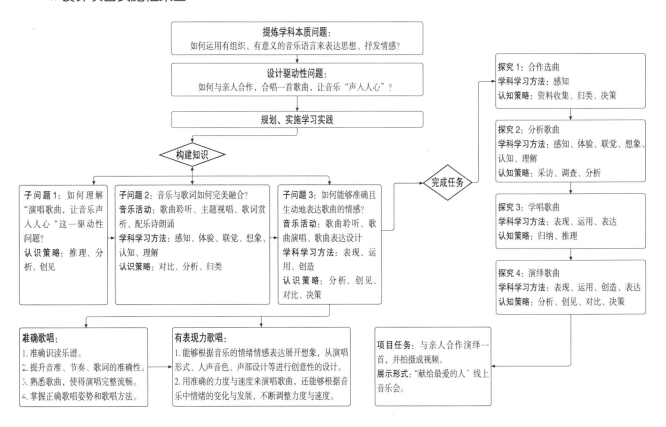

5. 制定课时规划

课时数	主要解决问题	内容重点	教学素材/工具	教学目标
1课时	驱动性问题的解决方法和路径有哪些？	建构知识： 定义问题 完成任务： ① 分组设角 ② 任务分配 ③ 项目规划	① 学生问卷 ② 问卷数据分析	① 激发对驱动性问题探究的兴趣。 ② 完成分组，通过小组讨论，填写并提交《项目规划书》和《团队协议书》（略）。 ③ 通过小组讨论，填写 KWL 表格，完成对驱动性问题的解构。

（续表）

课时数	内容重点		教学素材	教学目标
2课时	音乐与歌词如何完美融合？	建构知识： 音乐与歌词结合后产生的感染力。 完成任务： 探究1：如何与同伴亲人合作完成选曲？ 探究2：如何对选出的作品进行深入分析？	①《采桑子·重阳》 ②《当你老了》 ③《时间都去哪儿了》	① 通过诗词吟诵、歌曲演唱和配乐朗诵，进一步体会重阳节的文化内涵。 ② 通过对音乐表现要素的体验，感知音乐与诗词结合后所传达的真挚情感，推动情绪的变化以及营造如诗如画的意境，产生了较强的感染力。 ③ 结合对诗词的理解展开联想，从作曲家的角度提出音乐创作的设想，同时提升创意实践素养。 ④ 按照项目规划有序推进任务进程，填写"项目里程碑"评价量表（见附录），使组员清晰地了解项目的阶段性进展。
2课时	如何准确且生动地表达歌曲的情感？	建构知识： ① 知道曲式结构对音乐情绪情感表达的作用。 ② 复习简谱，学习歌唱技巧，准确且生动地表达情绪与情感。 完成任务： 探究3：如何用正确的歌唱方法完整且正确的演唱歌曲？ 探究4：如何对歌曲的演唱、表演进行艺术化处理？ 探究5：如何设计拍摄角度、场景，让作品更具感染力和表现力。	①《夕阳红》 ②《萱草花》	① 通过识读乐谱和视唱歌曲，复习简谱与节奏型，准确地完成歌曲的演唱。 ② 能够从旋律起伏、音区高低、力度与速度的变化等，分辨二段体和三段体的曲式结构。 ③ 能够结合音乐与歌词展开想象，体会表达的情绪情感；学习正确的歌唱方法，运用力度、音色等音乐要素，表达歌曲情绪情感的发展与变化。 ④ 能够对作品的创意表达和艺术处理提出自己的想法。 ⑤ 能够将课堂学习运用到小组作品的排练中。 ⑥ 能够完成小组作品的拍摄。 ⑦ 完成"项目里程碑"评价量表填写。

三、项目实施

（一）入项

1. 完成电子问卷

通过校园学习平台推送电子问卷，全年级学生在规定时间内完成。

问　卷

1	你对父母说得最多的一句话是： A 我爱你　B 别管我　C 你们啥也不懂　D 其他：_____
2	你多久没有和父母谈谈学习以外的事情，说说你喜欢的话题： A 刚才　B 一星期　C 太长时间，记不清了　D 其他：_____
3	到现在为止，你最后悔对他们说的是： A 我讨厌你　B 别管我　C 你们啥也不懂　D 其他：_____
4	目前你和父母的相处模式是： A 朋友一样相处融洽　B 互不理睬　C 我不理他们　D 其他：_____
5	即将迎来重阳节，以下哪一个庆祝方式是你最感兴趣的： A 和他们一起合作完成一个任务　B 为他们买一件礼物　C 对他们说"我爱你"　D 其他：_____
6	我最希望听到父母说的是： A 我们爱你　B 我们相信你　C 保护好自己　D 其他：_____

在入项环节中，教师可以用真实的数据将学生带入"珍视亲情，关爱亲人"的情境中。在学生的期待下，出示本次项目的驱动性问题、项目任务，并公布成果展示的形式。例如：

师：经过对问卷中的数据分析，老师发现同学们都很珍惜与亲人之间的情感，许多同学都选择了与亲人像朋友一样融洽的关系。但是也有相当一部分同学反映了他们内心的焦虑，他们总想与亲人聊聊学校的趣事、自己感兴趣的话题，可是父母们只关心考试成绩，因此许多孩子与亲人沟通不畅，常常产生矛盾。四周之后恰逢重阳节，在这样一个孝老爱亲的传统节日里，我们将举办一场"献给最爱的人"线上音乐会，让我们与亲人合作，一起选曲、分析音乐，最后完成歌曲的精彩演绎。让每一个音符都成为传递亲情的使者，每一段旋律都化作连接心灵的桥梁。

2.分组设角

项目主题：《"献给最爱的人"线上音乐会》

小组数：8 组　每组人数：5—6 人

岗位：组织能人、声乐指导、音乐鉴赏师、摄影大师。

（二）公布评价方案

学生完成分组后，教师正式公布本次项目化学习的评价方案，包括评价内容与方式。（详见《项目规划》中"项目设计"第三点"设计评价计划"）

（三）开展学习实践活动

驱动性问题：如何与亲人合作，合唱一首歌曲，让歌声"声入人心"？	
作品素材：《采桑子·重阳》《当你老了》《夕阳红》《萱草花》《时间都去哪儿了》	
学科核心子问题	驱动性问题的解决方法和路径有哪些？
完成的学习任务	完成分组、规划项目、分配任务
学习实践类型（主要）	探究型实践、调控型实践、社会型实践

学习实践	素材资源 学习支架
1. 介绍 KWL 表格内容。 2. 以小组讨论的方式填写 KWL 表格，完成对驱动型问题的解构。 3. 各组提出问题研究的方案，展示将要完成成果的内容与形式，并做出最终决策。 4. 完成《项目规划书》《团队协议书》《任务分配书》填写。	学习支架： ① KWL 表格（见附录） ②《项目规划书》 ③《团队协议书》 ④《任务分配书》

学科核心子问题	音乐与诗词如何完美融合？
完成的学习任务	完成配乐诗朗诵《当你老了》，完成合作选曲和作品分析
学习素材	《采桑子·重阳》《当你老了》《时间都去哪儿了》
学习实践类型（主要）	探究型实践、审美型实践、调控型实践、技术型实践

学习实践	素材资源 学习支架
1. 歌曲欣赏《采桑子·重阳》 ① 借助"重阳主题"的诗词赏析活动，理解民俗节日重阳节的习俗及其背后所蕴含的文化内涵，进一步理解诗人在《采桑子·重阳》中传递的更为广阔和豪迈的革命情感。 ② 通过背景介绍、诗词朗诵、音乐聆听、主题视唱、手势律动等实践活动，结合音色、旋律、力度、曲式等音乐表现要素，感知与体验对诗词意象的理解，深入探索音乐与诗词在表达情感、描绘景物以及营造意境等方面的紧密联系。 2. 歌曲欣赏《当你老了》 ① 通过诗词与歌曲创作背景的介绍，欣赏歌曲 MV，感受音乐与诗词所抒发的情感，以及所传递的情绪。 ② 能够运用已有和新学的知识技能，以小组合作的方式，对歌曲和诗词的结构、内容、情感以及情绪的变化进行深入分析。 ③ 能够为"配乐诗朗诵"这一学习任务设计朗诵的语气、速度、力度，情绪等，能与同伴合作完成音乐与诗歌相结合的活动。 （详见案例《重阳抒怀——采桑子·重阳》）（见附录教学设计） 3. 歌曲欣赏《时间都去哪儿了》 ① 为一段无声短视频选配合适的音乐，借助画面加深对歌曲的理解。 ② 识读乐谱，掌握切分、附点、三连音等节奏，探究音乐节奏与文字韵律之间的联系。 ③ 对比欣赏独唱与合唱版本，进一步体会圆润的咬字吐字、连贯的气息、力度的对比，对音乐的情绪表达、情感抒发的重要作用。 4. 合作选曲与作品分析 ① 采用独立或者合作方式，运用资料收集、归类、决策等认知策略，网页搜索信息技术，完成音乐作品的收集、整理，最终选定展示的歌曲。 ② 采用独立或者合作方式，通过对作品的感知、体验、联觉、想象、认知、理解，运用采访、调查、分析认知策略对选定的作品进行深入分析。	1. 学习资源： ①《采桑子·重阳》《当你老了》《时间都去哪儿了》音频资料。 ②《当你老了》MV 和诗歌的中文翻译版本。 ③《时间都去哪儿了》MV、五线谱描红 2. 学习支架： ① 重阳主题古诗词鉴赏任务单（见附录 2）。 ②《学习日志》 ③《作品赏析单》

学科核心子问题	如何准确且生动地表达歌曲的情感？
完成的学习任务	准确、生动且完整地演唱两首歌曲，完成对作品的分析、设计与演绎。
学习素材	《夕阳红》《萱草花》
学习实践类型（主要）	探究型实践、审美型实践、社会型实践、调控型实践

学习实践	素材资源 学习支架
1. 歌曲演唱《夕阳红》 ① 播放本次项目活动中学生与亲人交流合作的照片或视频花絮，分享与长辈、亲人相伴的欢乐时光。 ② 通过赏析歌曲 MV，准确感知音乐与歌词所传递的温馨、幸福的氛围。 ③ 与同伴一起识读简谱，准确、完整地演唱歌曲《夕阳红》。 ④ 结合旋律起伏特点的辨析，准确听辨乐曲曲式结构（二段体），书写该曲的结构图式。 ⑤ 结合不同乐段的音乐特点和表达内容，采用怎样的力度、情绪、语气和音色歌唱，从而准确且生动地表达情感。 ⑥ 学习正确歌唱方法，完整且生动地演绎歌曲。 **2. 歌曲演唱《萱草花》** ① 了解"萱草花"的花语，借助其作为电影主题曲的视频欣赏，感受歌曲所传达的真挚、感人的母女亲情。 ② 独立完成乐谱识读和歌曲学唱，通过与《夕阳红》《牵手》对比，辨析其三段体的曲式结构。 ③ 与同伴合作，完成歌曲三个乐段的演绎设计，说明设计的理由。 ④ 全体学生用正确的歌唱方法演绎同学们对作品的创意设计，并以互评的方式表达对音乐深层次的理解。 ⑤ 对比聆听合唱版本《萱草花》，分析作曲家对不同乐段的创意设计，体会音乐表现要素变化，如节拍、速度、节奏等对于音乐情绪表达的作用。 **3. 合作歌曲的设计与演绎** ① 每个组员提出对合作歌曲设计的方案，并说明理由。 ② 以小组讨论的方式选定最终设计方案，进行歌曲排练。	**1. 学习资源** ① 二首作品的音频、乐谱、MV ②《萱草花》合唱表演视频 **2. 学习支架** ①《夕阳红》作品赏析单（见附录2） ② 二段体作品结构图示 ③ 作品演绎设计单（见附录2）

非核心 问题	学习实践	支持性 任务	素材资源 学习支架
1. 如何合作完成选人和选曲？	① 与家长沟通，收集家长信息，如歌唱能力、喜欢曲目、参与排练的时间以及参与意愿等。 ② 既可以通过纸质填写，也可以通过线上文件方式整合资料。	邀请有意愿、有能力、有时间的家长参与线上音乐会。	学习支架： 《"献给最爱的人"线上音乐会》资料收集、整理与分析结果汇总单。

2.如何合作完成项目任务？	① 完成《任务完成进度表》填写，包括与家长交流的时间、内容、曲目收集的时间、选定的时间、学唱的时间、排练的时间和拍摄的时间等。 ② 将该表分享给家长，并根据具体情况修改。 ③ 按照《任务完成进度表》有序开展项目任务。	选定、分析、学唱、排练歌曲。	学习支架： 《任务完成进度表》 （纸质、电子稿）
3.如何完成作品的拍摄？	① 设计表演时演员的站位、动作，并完整演绎作品。 ② 确定拍摄时间、拍摄人员、拍摄设备、拍摄地点。	拍摄表演视频。	学习支架： 拍摄计划表

备注：教师根据对学生可能遇到的问题的预测，提前规划解决核心问题与非核心问题的方案，准备素材资源并提供学习支架。实际操作时，教师可以根据学生的需求，及时给予指导建议。

（四）组织成果展示

为了让更多的人参与到这次项目成果的展示活动中，"献给最爱的人"音乐会是以"线上直播"的方式呈现的。具体实施步骤如下：

① 组织学生完成合作演唱的视频拍摄并完成作品收集。

② 邀请学校艺术教师根据《"献给最爱的人"线上音乐会》作品评价表中的各项指标，对各个小组提交的表演视频进行评价，从中挑选分数最高的 18 个作品获得展演机会。

③ 获得展演机会的小组提交一份"花絮"视频，分享他们与亲人一起准备曲目、分析作品、排练、录制作品过程中有趣或者感人的故事。

④ 邀请两位同学担任线上音乐会主持人，根据音乐会的主题串联所有展演作品以及花絮的展播，在节目展演过程中及时公布现场点赞数量，与观众互动，营造温馨、愉悦的氛围。

四、项目反思

（一）完成评价

公布本次项目化学习中所有艺术老师对于每个小组完成的合唱作品的评价结果，以及"项目里程碑"评价表完成情况的评价结果，组织学生完成《学习态度自查表》《倾听、交流与合作评价表》《个人任务完成情况评价表》。

（二）统计数据

1. 艺术素养目标达成数据统计

《艺术素养目标达成情况表》是以"个人"为评价对象，依据教师课堂观察以及《"献给最爱的人"线上音乐会》成果评价结果、《音乐课堂学习及作业检查情况记录表》《作品分析单》《作品演绎设计单》完成情况评价等数据进行填写。

《艺术素养目标达成情况表》

维　度	优　秀	良　好	合　格	需努力	评价结果
审美感知素养	能够准确辨析二段体歌曲的曲式结构；不同乐段音乐表现要素的典型特征以及它们对于情绪情感表达的作用；全部参与课堂各项艺术实践活动，且完成质量较高。	较为准确辨析二段体歌曲的曲式结构，但在细节的把握和分析上可能存在少量偏差；愿意参加课堂各项艺术实践活动。	能够基本辨析二段体歌曲的曲式结构，但分析不够深入和全面，存在一些理解不准确的地方；参加部分艺术实践活动，积极性不高。	不能辨析二段体歌曲的曲式结构，对不同乐段音乐表现要素的特征认识模糊；没有参加或者被动参加少数的艺术实践活动。	优　秀 良　好 合　格 需努力
艺术表现素养	能够用正确的歌唱方法，生动、完整地演唱歌曲，音色圆润、明亮、动听，有较强的感染力。	能够完整演唱歌曲，音准、节奏等较为准确，音色统一，有一定的感染力。	能够完整演唱歌唱，音准、节奏等存在一些不准确，音色暗淡、松散，缺少感染力。	不能够完整演唱歌曲，或者音准、节奏等存在严重问题。	优　秀 良　好 合　格 需努力
创意实践素养	能够准确想象歌曲所描绘的情境、表达的情绪和抒发的情感，以此设计歌曲的演绎，赋予歌曲新的活力和魅力，引发听众的情感共鸣。	能想象歌曲所描绘的情境、表达的情绪和抒发的情感，能够设计歌曲的创新性演绎，给人留下深刻的印象。	能够大致想象歌曲所描绘的情境、表达的情绪和抒发的情感，并以此为基础进行歌曲的演绎，但在创新方面存在不足。	在想象歌曲描绘的情境、表达的情绪和抒发的情感时存在偏差，所设计的歌曲演绎不够贴合歌曲内涵。	优　秀 良　好 合　格 需努力
文化理解素养	能够在与家长合作演绎作品的过程中，展现出高度的积极性和主动性。合作紧密且高效，表达出对情感的理解与共鸣。	在与家长合作演绎作品时，表现出较积极的态度和一定的主动性。合作较为紧密，能在一定程度上理解并表达情感。	与家长合作演绎作品时态度尚可，能按要求参与合作，但主动性稍显不足。合作过程基本顺利，能表达一些情感，但理解不够深入。	在与家长合作演绎作品中缺乏积极性和主动性，合作不够紧密，效率较低。对情感的理解和表达较为薄弱。	优　秀 良　好 合　格 需努力

2. 关键思维能力目标达成情况

《关键能力目标的达成情况表》是以"小组"为评价对象，依据教师课堂观察、《项目规划书》《拍摄计划书》《作品演绎设计单》《重阳诗词收集与鉴赏单》完成情况评价表以及《"献给最爱的人"线上音乐会》作品评价结果等数据进行填写。

《关键能力目标达成情况表》

维 度	优 秀	良 好	合 格	需努力	评价结果
高阶认知策略运用能力	能够基于小组成员、亲人的生活经验、情绪情感的表达特点和喜好、歌唱的能力等，在作品的选择与设计中做出正确的决策。	能够参考小组成员、亲人的大部分生活经验、情绪情感表达的特点和喜好、歌唱的能力等，在作品的选择与设计中大部分决策正确，只有少数部分考虑不够周全。	能够考虑到小组成员、亲人的一些生活经验、情绪情感表达的特点和喜好、歌唱的能力等，在作品的选择与设计中决策基本正确，但存在一些明显的不足和偏差。	对小组成员、亲人的生活经验、情绪情感表达的特点和喜好、歌唱的能力关注较少，在作品的选择与设计中决策失误较多，缺乏正确的判断和选择能力。	优 秀
					良 好
					合 格
					需努力
中低阶认知策略运用能力	能够围绕任务高效地完成信息收集、整理、分类、对比、分析和推理。	能够围绕任务较好地完成信息收集、整理、分类、对比、分析和推理。	信息收集，整理和分类工作基本达标，但信息的相关性和完整性存在一定欠缺。	信息收集，整理和分类工作混乱，无法有效筛选出关键信息。	优 秀
					良 好
					合 格
					需努力

3. 成功技能目标达成情况

《成功技能目标达成情况表》也是以"小组"为评价对象，依据学生提交的项目规划书、任务分配书的质量、项目规划与完成作品的评价结果之间的关联以及《倾听、交流与合作评价表》结果进行填写。

《成功技能目标达成情况表》（略）

详见本书下篇第一个项目主题《我（们）和大海的故事》中的评价表。

（三）分析与反思

教师不但可以对本次项目中学生《艺术素养目标达成情况表》《关键思维能力目标达成情况表》《成功技能目标达成情况表》中的数据进行统计和整理，还可以与上一个项目数据一起生成图表，对比两次项目学生呈现出的差异，进而提出改进建议。

附录1：驱动性问题分解

子问题与子任务之间的逻辑关系

序 号	子问题	知识与技能	子任务
1	驱动性问题的解决方法和路径有哪些？	① 能够提出需要解决的问题，如：与哪位亲人合唱？如何与亲人交流合作？哪些歌曲适合与亲人合唱？希望表达怎样的情感？歌曲有哪些处理方式？如何设计拍摄地点等。 ② 能够结合自身情况，规划与设想问题研究方法和路径。	① 准确理解探究的问题。 ② 设计问题解决的方案。

（续表）

序 号	子问题	知识与技能	子任务
2	音乐与歌词如何完美融合？	① 通过诵读、聆听、视唱等实践活动，从音乐与歌词的角度理解歌曲，分辨曲式结构，找到高潮乐段。 ② 知道优秀的歌曲，音乐与歌词是如何完美融合来抒发情绪情感的。	从音乐与歌词两个角度分析歌曲表达的内容、抒发的情绪和传递的情感。
3	如何准确且生动地表达歌曲的情感？	① 准确识读歌词并演唱旋律。 ② 掌握正确的歌唱方法，包括气息、咬字吐字和音色。 ③ 运用力度、速度、音色、节拍、曲式等音乐表现要素表达情绪情感。	对自选歌曲进行创意性艺术设计，与同伴合作完整演绎作品。

附录 2：学习工具

① 重阳诗词收集与鉴赏单

从语文课本或者课外拓展资料中收集与“重阳节”主题相关的中国经典古诗词。（3—5 首）

思考：从收集的古诗词中选择最喜欢的一首，说说这首古诗词描绘了怎样的场景，表达了诗人怎样的心境？诗（词）中出现了哪些意象？这些意象有何作用？

② 作品《夕阳红》分析单

	赏析要点	特点分析
人声音色	歌曲采用什么音色演唱？	
	为什么这首乐曲会选择这个音色？	
曲式结构	歌曲为二段体结构，请在右侧结构图上标记小节数。	
旋律行进	哪个乐段是乐曲的高潮？	
	旋律行进有怎样的特点？	
	高潮部分的旋律表达怎样的情感？	
音乐速度	歌曲的速度是怎样的？	
	是否可以将歌曲改成快速？为什么？	

③ 作品演绎设计单

作品名称	对作品进行艺术处理，创意表现的建议
	□音色　□力度　□速度　□和声　□动作　□表情　□综合表演形式　□其他

④"项目里程碑"评价表

里程碑1 入项活动	里程碑2	里程碑3	里程碑4	里程碑5	里程碑6 公开作品
要解决的 关键问题	要解决的 关键问题	要解决的 关键问题	要解决的 关键问题	要解决的 关键问题	要解决的 关键问题
过程性评价	过程性评价	过程性评价	过程性评价	过程性评价	总结性评价

备注：教师依据评价量表（见"项目里程碑"评价表）在每一个阶段"过程性评价"和"总结性评价"框中给予星级（☆☆☆）评价。

五、案例

教学设计:《登高抒怀——采桑子·重阳》

上海杨浦双语学校　赵　湘

【教学内容】茱萸重阳（上海音乐出版社义务教育教科书（五·四学制）·艺术·音乐）

【教学课时】第二课时

【教学对象】六年级学生

【教材分析】

☑《采桑子·重阳》：歌词选自毛泽东同名诗词，诗中"黄花""秋风劲""万里霜"的自然景色不但带给人视觉上的美感，还能引发人们更深层次的联想。歌曲风格豪迈大气，通过旋律的起伏、节奏的疏密、音色的明暗、力度的变化，使音乐情绪层层推进，尾声处的大跳给人带来了情绪得到抒发后的满足感，展现了中国共产党人对革命前途的美好遐思，呈现给世人积极乐观、豁达昂扬的人生追求。音乐与歌词描绘的场景与意境完美结合，产生较强的感染力。

☑《当你老了》：这是一首含蓄且深沉的歌曲，歌词"白发""炉火""星星"的意象，结合六八拍的律动，描绘出诗人想象多年以后挚爱的人老去时自己仍然不离不弃的场景。亲切温暖的声音，优美舒缓的旋律，传递了一种超越时间的情感。

【学情分析】

六年级学生经过第一、第二学段的音乐学习，以及六年级上册第一单元的复习，已经具有了一定的音乐审美感知的能力，对人声音色、音乐的节奏、速度、旋律行进、曲式结构等知识积累了一定的审美经验。但是独立分析作品，尤其从音乐与诗词两个角度分析的能力还有待提高。

该学段学生积累了一定数量的中国古诗词，但对于诗词中描写的景象所蕴含和传递的象征意义，缺少深度理解。

【设计思路】

1. 以角色带入激发创作热情

"如果你是作曲家，理解诗词内容、意境以及诗人情感后会如何创作这首歌曲呢？"是本节课的关键设问。引导学生运用所学，主动对作品进行创意构思，不但能够在交流分享中加强对于音乐表现要素、音乐表达和创作重要作用的认识与理解，还能够通过对作品深入感知与体验，认识到丰富、多样的艺术表达可以带给人无尽的想象空间，打动人的内心，激发学生对音乐创作的热情。

2. 以项目任务整合学习内容

本课学习聚焦本次项目化学习第二个子问题的探究"音乐与歌词如何完美融合？"并紧紧围绕着项目核心问题展开探究，有助于学生完成子任务"从音乐与歌词角度综合地分析歌曲，感知其表达的情绪和抒发的情感"。

将学生完成项目子任务必备的知识与技能，巧妙融入对具体作品的学习和探究过程中，设计出"情韵寄亲人"MV 这一学习任务。学生能够在"做中学""做中思"，不仅可以加深对所学知识的领悟，还能有效提升艺术表达和创意实践方面的素养。

【教学目标】

1. 通过对音乐表现要素的体验，感知音乐与诗词结合后传达出的真挚情感，推动情绪的发展。

2. 运用所学知识，独立完成音乐或诗歌的曲式（段落）、旋律、情绪分析，能够与同伴合作完成配乐诗朗诵，借助手势更好地理解并表达音乐与诗歌的情感。

3. 通过诗词吟诵以及歌曲演唱、配乐朗诵，进一步体会重阳节的文化内涵。

4. 能够以作曲家角色积极思考，自信地表达自己的想法，认真聆听他人的发言，并积极作出回应。

【教学重点与难点】

1. 准确完成《采桑子·重阳》诗与乐的分析。

2. 以合作方式完成"情韵寄亲人"MV 和配乐诗朗诵，准确且生动地表达情感。

【教学过程】

一、新授课——乐与诗

【关键设问】如何找到诗词与音乐之间的联系？

师： 聆听一组歌曲，说说这些歌曲有哪些共同特点？

生： 三首歌曲都选自中国古诗词，且与中华民族的传统节日有关。

【设问】音乐是否准确地传递了诗人的情感？

导入课题：音乐与诗词的结合是非常有讲究的，今天赏析一首重阳主题诗歌《采桑子·重阳》，探究如何让音乐与诗词完美融合？

> **设计思路：**
>
> 　　初步感受音乐与诗歌在情感表达上的联系，尤其是体会音乐对于诗歌情感表达起到的气氛烘托与情感升华的作用。

二、欣赏《采桑子·重阳》

【关键设问】《采桑子·重阳》是一首什么主题的"重阳"主题诗词？

师：诗词的主题大都表达思乡、思亲，或者感叹时光的流逝。有没有不一样的重阳诗呢？老师给同学们推荐一首毛泽东的《采桑子·重阳》。

（一）背景介绍

　　1929 年 6 月毛泽东在龙岩召开红四军第七次党代表大会，想解决建军原则以及建立根据地等重大问题。会上发生意见分歧，毛泽东未能当选前委书记。他离开红四军领导岗位后，深入上杭、永定的农村基层，一边养病，一边领导地方的土地革命斗争。同年重阳节，毛泽东来到上杭县，登高抒怀，写下了这首词。

（二）诵读古诗

【设问】将自己带入诗人所处的时代背景以及个人经历，探究诗词所展现的诗人的所思所想。

> **设计意图：**
>
> 　　引导学生主动联系生活，运用跨学科知识鉴赏经典古诗词，从中汲取丰富的审美教育元素。在学生体会重阳节文化内涵的基础上，理解《采桑子·重阳》不同于以往重阳诗词的情绪表达和情感基调。
>
> 　　以运用语文学科知识和技能赏析古诗词为学习支架，帮助学生在下一个环节的学习中，更好地理解歌曲情绪的推进和情感的抒发。

（三）作品构画

1. 音乐构画

【设问】如果你是作曲家，将会如何创作这首歌曲？

活动：以小组合作的方式，写出对作品的构画。

2. 分享交流

> **设计思路：**
>
> 　　鼓励学生结合对诗词的理解，以及对于音乐表现要素认知的经历，大胆进行创意表达，逐步培养他们的创新思维以及创新意识。

（四）欣赏歌曲

1. 完整欣赏歌曲

师： 2013年，作曲家邹野以毛泽东同志创作的《采桑子·重阳》为歌词创作了同名歌曲，听听作曲家是如何将诗与乐相结合的？

师： 歌曲是由著名男中音歌唱家廖昌永演唱的。

【设问】男中音音色有怎样的特点？

2. 深入体验高潮乐段

（1）聆听歌曲片段

【设问】歌词与原诗有怎样的不同？演唱形式上发生了怎样的变化？这样的处理有怎样的效果？表达了诗人怎样的情感？

（2）视唱主题旋律

【设问】乐句的起伏与诗词的语调之间有怎样的关联？

体验： 师生合作演唱

【设问】"啊"在原诗中没有，在歌曲中却添加了，这样的处理产生了怎样的效果？

活动：用指挥手势体会诗与乐结合产生的意境之美。

设计思路：

　　围绕着"音乐如何与诗歌相结合？"，以及后一部分"配乐朗诵"这一任务的完成，引导学生深度体验：准确分段、能够运用音乐语言，如音色、音调、力度、节奏，表达人们阅读诗词后的感受与理解、能够用指挥手势表达出诗与乐情绪变化的感受。

三、创意实践

（一）发布学习任务

　　重阳节即将到来，我们可以为长辈准备怎样的礼物呢？老师有个建议，以小组合作的方式完成一首配乐诗朗诵，把它拍摄成视频，并收集一些与视频主题紧密相关的照片，再通过电脑技术将它们进行艺术化整合，创作成名为"情韵寄亲人"的MV。

（二）小组讨论

（三）配乐诗朗诵

（四）分享MV的创意

四、小结

　　课后，配乐诗朗诵的音乐和诗歌可以另选，也可以对《当你老了》进行再加工。下周就是重阳节，老师非常期待看到同学创作的这份珍贵的礼物。相信当长辈们收到了它，一定能感受到你们发自内心的敬爱之情。

让我们把这份美好的情感——中华民族孝老爱亲的传统，像传递接力棒一样，一代又一代地传承下去。

设计思路：

　　创设学生可以运用知识来解决问题的学习情境，在创意性任务完成的过程中，真正地将所学知识内化为自身能力，实现从学习到运用再到创造的跨越，提升想象力，培养创新思维以及解决实际问题的综合素养，并深切体会到学习带来的成就感，进一步激发学生学习的热情和主动性。

项目主题三、《丝路传奇·艺术之旅》

涉及教材	上海音乐出版社义务教育教科书（五·四学制）艺术·音乐 六年级上册　第三单元　一路繁花
适用年级	六年级
涉及学科	跨学科项目（音乐、地理、历史、信息技术）
总课时数	7 课时

一、项目启动

（一）选定主题

1. 教材分析

第三单元的主题是"一路繁花"。其中"一路"的灵感源于"一带一路"倡议，"繁花"则象征着丝路沿线国家和地区民族艺术旺盛的生命力、凝聚力和创新力。教材选取了六首展现古今丝绸之路盛景的音乐作品，它们是《飞天》《丝绸之路》《作画》《查尔达什舞曲》《丝路新绿》《丝绸之路飞彩虹》。

六首乐曲的关联性解读如下：

☑《飞天》：作品是以甘肃敦煌莫高窟的壁画为题材所创作的一首民乐合奏曲。敦煌因其特殊的地理位置，成为古代联结亚洲与欧洲的必经之地，也是现代"一带一路"经济圈的重要组成部分。辽阔的地貌、多元文化的交融，以及人们对于表达自己对世界、社会和生活的理解和思考的渴望，共同塑造了敦煌地区独特的文化风貌，通过音乐、绘画、舞蹈、文学、戏剧等多门艺术呈现和流传。学习这首作品，可以侧重于民族乐器的独特音色和民族音乐的创作技法，并联系绘画、舞蹈、地理、历史等学科，探究中华文化是如何在历史长河中不断发展的。

☑《作画》：选自新编京剧《丝路花雨》。该剧通过小人物在大时代中悲欢离合的经历，以盛唐时期丝绸之路为背景和视角，展现了我国盛唐时期对外经济、文化交往频繁的盛况，赞美了在历史长河中默默无闻的普通人。《作画》生动地再现了画工在敦煌石窟中创作的场景，充分发挥了中国戏曲艺术的综合性特点。这一特点体现在将歌唱、舞蹈、音乐和戏剧元素巧妙融合，共同构建了一种丰富的艺术表现形式。学习这首作品侧重于民族戏曲唱法、身段表演的体验，探究如何将歌唱、舞蹈与表演紧密结合。

☑《丝绸之路》：作曲家采用流传于西域的音乐素材进行旋律创作，尤其是装饰音的处理和古代打击乐器音色的使用，营造出一种神秘、悠远的氛围，富有西域风情。这首作品展现了人们往返于丝绸之路所见到的雄奇壮阔的自然现象。学习这首作品可以侧重人声音色、调式以及旋律行进等特点的体验，探究自然、人文环境与音乐之间的紧密联系。

☑《查尔达什舞曲》：《查尔达什舞曲》是意大利作曲家蒙蒂以匈牙利传统舞蹈"查尔达什"为灵感而创作的一部经典小提琴作品。"查尔达什"舞蹈源自匈牙利的吉普赛人，他们流浪的生活方式和天生的歌舞才华赋予了这首曲子独特的情感深度和鲜明的舞蹈节奏。作曲家巧妙地将忧郁的情感表达与充满活力的舞蹈元素相结合，使这首作品不仅具有强烈的感染力，而且展现了深厚的艺术表现力。"查尔达什"舞蹈分成两个部分，第一部分深沉，节奏自由；第二部分热烈欢腾，伴随着男女生大量的旋转，跳跃，踢腿，男生还辅以拍手拍腿的动作，节奏鲜明。学习这首作品可以侧重于调式、曲式、节奏等音乐要素的感知与体验，探究音乐与舞蹈之间的紧密联系。

☑《丝路新绿》：歌曲追古忆今，歌颂了在新时代"一带一路"倡议下各国呈现的繁荣与和谐，畅想着未来丝绸之路的辉煌盛景。歌曲为小调式，三四拍，三拍子强弱对比产生较强的韵律感，加之管弦乐队的伴奏，让音乐充满了激情和活力。学习这首歌曲可以侧重于音色、节拍等音乐要素感知，提升歌唱的气息、音色和力度控制与表现能力。

☑《丝绸之路飞彩虹》：歌曲巧妙融合了新疆地区的音乐元素，特别是具有鲜明舞蹈特性的节奏，生动地勾勒出一幅人们欢庆新生活、充满活力的热闹图景。这样的音乐编排不仅增强了作品的感染力和表现力，更传递了积极向上的时代精神。它象征着"一带一路"倡议在新时代所带来的文化交流与经济共荣，为中外人民的友谊架起了一座美丽的彩虹桥。这是本单元的补充歌曲。学习这首歌曲时可以侧重于节奏，体会歌舞乐结合的表演方式所展现的热烈欢快的情绪，以及描绘的载歌载舞的场面。

基于作品的分析，它们之间的关联性如下：

① 这六首作品大多展现了我国古代"丝绸之路"以及现代"一带一路"生活或者取得的伟大成就，具有与地域风貌、人文历史紧密相关的独特风格。

② 这些艺术作品充分展现了音乐与其他艺术形式交融后产生的表现力与感染力。例如，《飞天》借鉴绘画中的灵感，音乐旋律如同画笔下细腻的线条，流畅而生动。《查尔达什舞曲》从舞蹈中汲取节奏，将律动融入音乐之中。即便在缺乏视觉舞蹈动作的情况下，也能让听众通过旋律感受到舞蹈的节奏和活力。

2. 研读课程标准

（1）核心知识

文化理解素养培养表现为引导学生对不同音乐文化特征的辨识、理解能力及对音乐与文化之间关系的理解能力。包括区分一些有代表性的国家、民族的音乐特征；了解音乐与文化之间的关系，能从文化角度认知有代表性的国家、民族的音乐艺术特点及其为人类文化发展作出的贡献。

设计的音乐学科的文化理解目标是从文化角度深入研究音乐作品，把音乐置身于相应的文化语境中去解读、分析、理解。基于本单元的主题情境和作品的典型特征，提炼出学生需掌握的学科核心知识：**音乐中的文化特征**。

（2）理解目标

新课标指出，艺术课程要坚持以美育人的课程理念，强调："**学习和领会中华民族艺术精髓，理解中华文化和各民族文化是主干与枝叶的关系，激发中华民族自信心与自豪感；了解世界文化的多样性，开阔艺术视野。充分发挥艺术课程在培育学生审美和人文素养中的重要作用。**"

基于课程标准要求，笔者把本单元理解目标制定为：形成对本民族文化的认同和对世界多元文化的理解和尊重的态度。

（3）成功技能目标

随着学习的深入，项目化学习的难度也在提升。从第一单元聚焦音乐表现力这一核心内容，逐步递进到基于音乐的文化语境赏析、表达和创作音乐。这就对学生对驱动性问题的解构能力以及整合多学科知识进行项目规划能力提出更高的要求。

基于对学情的深入分析以及本单元学习内容的考量，笔者把本单元成功的技能目标设定为：**提升问题解构以及项目的规划的能力**。

（二）设计驱动性问题

1. 提出问题

"一带一路"连接欧亚大陆，沿线地区、民族以及国家民族民间音乐各具特色。为何这些地区、民族以及国家会形成如此这般的艺术特点呢？

2. 设计展示成果

选择"一带一路"沿线国家、民族或者地区的音乐作品或者艺术形式，从多元文化视角对其艺术魅力进行深入研究。将研究成果以"作品展示"、艺术特色介绍以及形成特色原因分析等方式，与同伴分享对各民族民间音乐的感受、认识与理解。

3. 创设情境

笔者将驱动性问题和成果展示嵌入到学习情境中，激发学生学习探究的兴趣：

同学们，抓紧扶手，这辆名为"开往春天"的神奇列车即将启程！它不仅仅是一个交通工具，更是一列满载梦想和机遇的快车。这趟列车在"一带一路"的轨道上穿梭，就像一座会移动的彩虹桥，将中国和欧亚大陆上的国家紧紧地连在一起。

我们有幸成为列车上的"文化使者"，用生动的语言、优美的歌声、动人的琴弦、灵活的舞姿，向列车上的乘客们介绍和展现沿途国家、民族和地区的音乐文化。让"开往春天"的列车成为一条洒下民族文化种子的通道，随着列车的行进播撒着美与爱的种子，并让它们在所到之处生根发芽。

同学们，准备好了吗？让我们带着满满的正能量，向着春天、向着未来，出发！

4.设计思路

笔者以趣味性、开放性、挑战性和可行性四个关键要素作为综合考量的依据设计驱动性问题。

（1）趣味性

人们对旅游的热爱往往源于对未曾见到过的风景的欣赏，或是对异域文化的探索。对于正处于好奇心和求知欲旺盛期的六年级学生而言，旅游不仅是打开未知世界的窗口，也是满足他们探索欲望、激发学习兴趣的方式。

在本次项目化学习中，学生投身于一名光荣的"文化使者"角色之中。这是他们此前从未尝试过的全新角色，对他们而言具有较大的吸引力。这一角色不仅能够促使学生获得综合素养的提升，还能让他们深切感受到身上肩负的责任，进而在个人成长和社会认知方面得到提升。

（2）开放性

教师设定一个引人入胜的情境：学生们乘坐着一辆在欧亚大陆上风驰电掣的列车。随着列车前行，窗外的风景不断变换，学生依据自己的兴趣，自由挑选沿途经过的国家、地区或民族音乐，展开深入的探索之旅。在探索过程中，学生们基于音乐作品独特的文化背景，审慎地制定研究路径和选择研究方法。同时，他们还会依据音乐作品的风格和文化内涵，精心设计并呈现出丰富多样的艺术表演形式，比如戏剧、舞蹈、音乐等。

这种开放性的探究与表达模式，充分体现了对文化多样性的尊重与呼应。学生们在感受不同文化独特魅力的同时，也学会了包容与理解不同文化之间的差异，实现艺术与文化的相互交融、相互促进。

（3）挑战性

对六年级学生来说，跨学科学习是一种挑战，需要熟练运用一系列中低阶认知策略，包括信息的收集、整理、分类、分析和推理等。这些策略将帮助他们整合多学科知识，如运用地理、历史等学科知识分析不同地区、民族以及国家的民族民间音乐独特风格是如何形成的。通过运用这些认知策略，学生们不仅能够锻炼自己的批判性思维能力，还能够更全面地理解音乐在不同文化中的角色和功能。

此外，学生们还将运用高阶认知策略完成项目成果，如决策、创见等，从众多民族民间音乐中选择一首作品，并在文化语境中对作品进行音乐分析和创意性的设计，通过完整的演绎展现对作品的认识与理解。

（4）可行性

首先，在资源获取方面，不但为学生提供了丰富且易于获取的线上音乐素材，而且学校图书馆丰富的图书资源确保学生能够顺利开展研究和学习。其次，在时间管理方面，项目设计了为期六周的准备时间，这一时间段既保证学生有足够的时间进行资料收集、研究分析和艺术创作，又有效避免时间过长可能导致的拖延和效率低下。再次，本项目是跨学科的合作成果，涉及音乐、历史、地理等多个学科，故笔者专门组建了一个由多学科教师组成的教师团队，共同参与教学、项目的指导和评价工作。这种跨学科合作不仅能够为学生提供全方位的知识支持，还能够促进学生综合素质的提升。

值得一提的是，本次项目学习还融入了大量的信息技术。学生可以利用 AI 软件，如 AI 音乐创作、AI 歌声转换、AI 图片创作等方式，助力作品的创作与呈现，既丰富了艺术表达与创作的形式，又降低了创作的难度，满足了大多数学生参与创作的需要。

二、项目规划

（一）项目简介

《丝路传奇·艺术之旅》项目灵感源于新教材六年级上册第三单元"一路繁花"，总共 7 课时。在第七课时，学生们将乘上"列车"，化身为"文化使者"，分享这段学习旅程中的丰硕成果。

本项目是"音乐学科主导的跨学科项目化学习"。以音乐学科为主，从学科核心知识出发，确定主题和目标，设计活动与评价，从音乐学科的立场和目标出发主动去"跨"、去"关联"历史、地理、语文、信息技术等学科，从而深化对音乐学科的理解，明晰音乐学科与其他学科的关联。（见附录 1《丝路传奇·艺术之旅》音乐学科与其他学科的关联）

在此过程中，学生将深入探究"一带一路"沿线具有代表性的国家和地区的音乐特色，认识不同文化是人类文明的重要部分，理解文化间相互依存、相互促进的关系，培养尊重包容文化意识，增强构建人类命运共同体的责任感与使命感，拓宽人文视野，增进对多元文化的理解。

为了实现这一富有挑战性的目标，由音乐、地理、历史、语文、美术、信息技术等学科教师组成的"跨学科教师团队"，围绕音乐学科驱动性问题给予充分的支持。通过多样化的教学方式，为学生打造全方位、多层次的学习环境，助力他们收获知识、提升能力、拓宽视野，实现综合素质的全面提升。

作为本次跨学科项目的主学科，音乐学科聚焦的核心内容是"音乐中的文化特征"，引导学生主动整合其他学科的知识，从文化角度关注音乐作品和音乐现象，认识到音乐是人类文化的重要形态和载体，不同地区、民族和国家的音乐具有各自的文化内涵和历史成因，蕴含着其特有的文化意识、情感和行为，尤其运用创见等认知策略，能实现对作品的创造性设计和精彩演绎，全面提升艺术核心素养。

（二）音乐学科的项目设计

1. 挑战性问题

（1）本质问题

如何理解音乐中的文化特征？

（2）驱动性问题

"一带一路"连接欧亚大陆，沿线地区、民族以及国家的民族民间音乐各具特色。为何这些地区、民族以及国家会形成如此这般的艺术特点呢？

（3）公布成果展示的内容

挑选"一带一路"沿线自己感兴趣的某个国家、民族或地区的代表性音乐作品，从音乐文化层面赏析，用语言阐述作品的艺术特色并分析其成因，并借助数字化信息化技术对作品进行创造性的设计与演绎，呈现该民族民间音乐的独特魅力。

（4）公布成果展示的形式

本项目的成果展示由两个部分组成。首先是班级展示，展示的时间在本次项目化学习的第七节课，学生以小组合作的方式完成"丝路传奇·艺术之旅"的展示活动。由学生自荐组成"旅行团"团长作为本次项目的特别嘉宾，为各个站点的"文化使者"团队的展示成果打分，评选出最优秀"文化使者"团。其次是校级展示，展示时间为校园文化节期间，在名为"丝路华彩·共绘未来"跨学科展示活动上，各班选出优秀的"文化使者团"在全年级公开展示其学习成果。

（5）子问题

① 驱动性问题的解决方法和路径有哪些？

② 如何认知不同地区、民族和国家的民族民间音乐特点？

③ 如何运用 AI 技术表达对作品的认识与感受？

④ 如何探寻不同地区、民族和国家的民族民间音乐特点形成的原因？

⑤ 如何对作品进行创意性表达？

2. 设计项目目标

（1）通过"听、唱、奏、动"等艺术实践活动，聚焦旋律、力度、调式、节拍、节奏等音乐表现要素，感知不同地区、民族和国家的人民表达情感的方式和审美特点，并分析其形成这些特点的原因，提升审美感知与文化理解素养。

（2）与同伴一起在"开往春天的列车"学习情境中，承担"文化使者"角色，整合其他学科核心知识，完成"丝路传奇·艺术之旅"交流分享会活动，学生在不同文化语境中学习和表现音乐，加深对本民族文化的认同和对世界多元文化的理解和尊重的态度，提升跨学科学习的综合素养。

（3）采用信息收集、整合和加工以及比较、分类、抽象、推理、创见等认知策略，借助 AI 技术创造性地设计和演绎音乐作品，提升艺术表达、创意实践和信息素养。

（4）借助"苏格拉底式问题研讨法"学习工具对核心问题进行解构和定义，提升解构问题、项目的规划能力。

3. 设计评价计划

（1）过程性评价

①《问题解构》互评表

《问题解构》互评表设计了"深度"、"广度"和"契合度"三个评价维度，全面评估各小组的问题解构能力。每个小组使用"思维导图"在"项目展示板"上展示其问题解构成果之后，其他小组将依据《问题解构》互评表的标准，对各组的问题解构进行评价，并给予"优秀""良好""合格"或"需努力"的等级评定。

《问题解构》互评表

评价小组名称：＿＿＿＿＿＿＿＿＿

维 度	优 秀	良 好	合 格	需努力	互评1	互评2
深 度	能够展示出对问题核心的深刻理解，能够识别并解释问题背后的复杂性和多层次原因。	学生对问题有良好的理解，能够识别问题的主要方面和原因。	学生对问题有基本的理解，能够识别问题的表面原因。	学生对问题的理解较为肤浅，可能只关注问题的表面现象。		
广 度	能够从多个角度和维度对问题进行分析，包括但不限于艺术、历史、地理、经济、文化、技术等方面。	学生能够从几个主要角度对问题进行分析，但可能没有涵盖所有可能的维度。	学生通常只从一个角度对问题进行分析，缺乏多角度的视野。	学生在分析问题时缺乏广度，可能只关注显而易见的方面。		
契合度	解构出的问题逻辑清晰，能够清楚地展示问题之间的相互关系；能够应用于实际情境，有助于提出切实可行的解决方案。	解构出的问题的逻辑较为清晰，但问题之间可能缺少一些联系；能与实际情况联系起来，有助于提出一些基本的解决方案。	解构出的问题基本合理，但逻辑性不强；可以应用于实际情况，但会影响到解决方案的设计，导致方案还不够成熟或实际。	解构的问题缺乏逻辑性，难以理解；不能运用实际情况，且对于解决方案的设计毫无帮助。		

通过互评，学生不仅能够从同伴中获得反馈，还能鼓励自己通过小组间的交流，学习如何批判性地分析和评估问题解构的优劣，进而提升自身的分析能力。此外，互评也有助于学生主动理解不同视角下的问题解构，从而增强他们综合理解的能力和提升解决问题的水平。

②《项目规划》互评表

该互评表能够有效促进组内沟通。在自评环节，团队成员得以相互交流，分享各自对于项目规划的理解与见解。通过这种深度的交流，确保团队成员对项目规划形成清晰且一致的认知，达成共识。在交流过程中，团队成员会对项目规划的各个方面进行深入思考，全面审视每一个细节，从而有效避免遗漏关键步骤或重要因素。更为关键的是，团队成员在沟通中能够提前识别出规划中潜在的问题或不足之处，及时对项目规划进行调整和优化，为项目的顺利推进奠定坚实基础。

评价表还有助于促进不同小组之间的经验分享与良性竞争。在项目规划的过程中，不同小组往往会积累各自独特的思路、方法和经验。通过互评表，各小组能够相互学习、借鉴彼此的长处，拓宽自身的规划视野，提升规划能力。与此同时，小组之间在互评过程中还会形成良性竞争的氛围，激发各小组不断追求卓越，力求在项目规划上做到尽善尽美，推动整个项目的高质量发展。

《项目规划》互评表

	项目规划包含的内容	自　评		互　评	
1	项目规划是否写明了期望达到的目标？	□是　□否		□是　□否	
2	团队成员对于项目规划中期望达成的目标是否持有一致的态度？	□是　□否		□是　□否	
3	在项目规划中是否把项目细分成若干个可管理的任务或活动，并说明执行策略和责任分配？	□是　□否		□是　□否	
4	项目规划中的每一个任务或者活动是否说明了负责人和完成期限？	□是　□否		□是　□否	
5	项目规划是否写明了详细时间表，包括关键里程碑和截止日期？	□是　□否		□是　□否	
6	项目规划设计的一系列任务、活动是否有助于推进项目目标的实现？	□是　□否		□是　□否	
7	项目规划是否制定了备案方案，以便在当前规划因遭遇困难而无法顺利推进时，能够及时启用备选计划？	□是　□否		□是　□否	
	统计	是：　　/次		是：　　/次	
	评价等第	自评		互评	

备注："是"次数=7为"优秀"；≥5为"良好"；≥4为"合格"；<4为"需努力"。

③《音乐课堂学习及作业检查情况记录表》

该记录表主要用于课堂上教师以提问的方式检查学生在上一节课或者前一阶段的学习情况。

《丝路传奇·艺术之旅》课堂学习检查

1	课堂艺术实践活动： 学习民乐合奏曲《飞天》，四人一组合作完成"唱跳"展示。
2	课堂学习关键设问： 欣赏歌曲《丝绸之路》以及小提琴独奏《查尔达什舞曲》，请同学们对作品的典型特征进行总结，并整合地理、历史学科的知识，分析该特点形成的原因。
3	作业检查内容： 分享上周布置的学习任务：在对《丝绸之路》《查尔达什舞曲》音乐特点感受、分析的基础上，运用信息化数字化工具，为任意一首音乐选配一幅背景图片，或者创作一首同风格的音乐，并简述设计的理念。 检查标准1：以画面呈现的景象、色彩以及动态与音乐描绘的景象、色彩以及情绪契合度评价。检查标准2：AI音乐创作风格鲜明、创意十足，清晰地阐述设计理念。
4	作业检查内容： 分享上周布置的学习任务：用AI技术生成《作画》的歌唱音频与表演视频结合后"表演唱"的效果。 检查标准：从身段动作的优美度、与角色的契合度以及戏剧表演的韵味角度进行评价。
5	课堂艺术实践活动： 结合两首歌曲《丝路新绿》《丝绸之路飞彩虹》所描绘的情景、表达的情绪，以及歌曲节拍、节奏、旋律起伏的特点，为歌曲表达做创意性设计。

（2）总结性评价

① 成果评价表

这次项目成果分成两个部分。一是文本，以"文化使者"的身份欢迎来到此地的朋友们，对所选地区、民族或者国家的民族民间音乐的文化特色进行介绍；二是表演，用生动的艺术表演把自己对音乐文化的理解表达出来，这不仅是对音乐的简单再现，更是对文化内涵的诠释和再创造。

《丝路传奇·艺术之旅》成果评价可以分成"文本创作"与"艺术表达"两个维度：

《丝路传奇·艺术之旅》成果评价表

维　度		优　秀	良　好	合　格	需努力	师　评
文本创作	对音乐的理解（20分）	能够基于作品的典型特点，从音乐的表现要素（如旋律、和声、节奏、音色等）、表现形式（如歌唱、舞蹈、戏剧、器乐等）准确、深入地分析作品的音乐特点。	能够从多个音乐表现要素和形式对作品进行分析作品的音乐特点，但是有些部分不够深入。	能够识别音乐作品的基本表现要素和形式，但对作品特点的分析较为表面。	没能从音乐表现要素、表现形式中分析作品的音乐特点。	
	对音乐与文化关系的理解（20分）	能够围绕作品的典型特征，详细阐述该作品所处的地区、民族或者国家的地理位置、自然风貌、历史变迁或者民俗风情与音乐之间的联系，准确地找到形成这些音乐特点的原因。	对音乐作品的文化背景有良好的理解，能够识别并讨论文化元素与音乐之间的联系，提供有依据的见解，但缺乏一些新颖性或深度。	对音乐作品的文化背景有基本的理解，能够识别一些文化元素与音乐之间的联系，提供的分析和见解缺少一些依据。	对音乐作品的文化背景理解较为肤浅，只关注音乐的表面特征而忽略更深层次的文化联系。	
艺术表达	语言表达（10分）	语言表达清晰，能够精准地传达思想和观点；语言具有较强的感染力和说服力，能够引起听众的共鸣。	语言表达清晰，能够较好地传达主要思想和观点；语言具有一定的感染力，但在情感的传递上不够强烈。	语言表达基本清晰，但有时需要进一步阐释或解释；语言感染力一般，不足以引起听众的强烈共鸣。	语言表达不清晰，常常解释才能理解；语言缺乏感染力，较难引起听众的情感共鸣。	
	音乐表达（30分）	能够完整且非常流畅地演绎作品，富有感染力。	能够完整地演绎作品，有一定的感染力。	能够完整地演绎作品，中间略有卡顿，缺少感染力。	没有完整演绎作品。	
	创意性表现设计（20分）	能够根据作品的音乐特点设计表演的形式和内容，这些创意性的设计让作品演绎更加精彩，能把观众带入作品所属的文化语境中，让观众获得深刻的情感体验和审美享受。	能够根据作品的音乐特点设计表演的形式和内容，较好地演绎作品，但在细节上不够精准；给观众带来良好的情感体验和审美享受，但在某些方面不够强烈。	设计表演的形式和内容与作品的某些特点有一定的契合，但缺乏深度；设计能够满足观众的基本情感体验和审美需求，但不够引人入胜。	设计表演的形式和内容和音乐特点契合度低，未能准确传达作品的内涵，未能满足观众的情感体验和审美需求。	

备注："优秀"评价的分值是每一档的满分，每下降一个档位减去3分。

②《个人任务完成情况评价表》

本项目的《个人任务完成情况评价表》可参照本书下篇第一个项目《我（们）和大海的故事》设计，结合项目的任务修改"维度"与"责任"。

③《合作与交流能力评价表》（略）

详见本书下篇第一个项目主题《我（们）和大海的故事》中的评价表。

4. 设计项目实施框架图

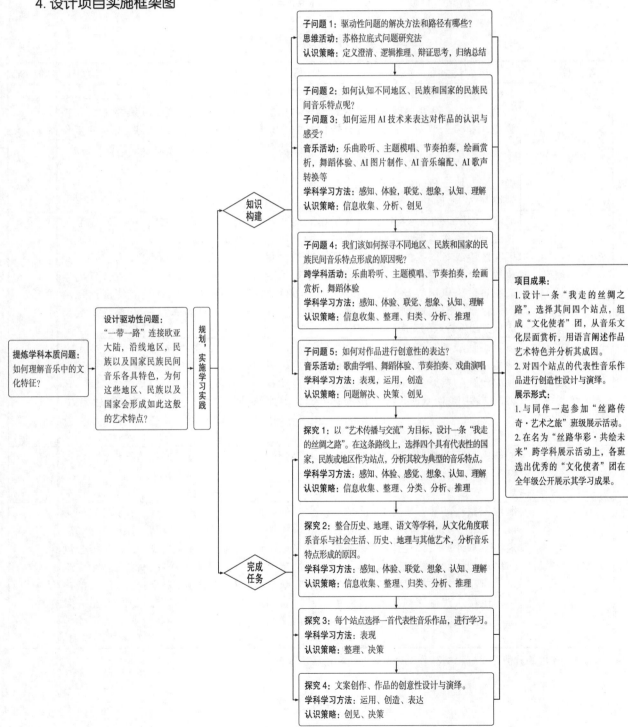

5.制定课时规划

课　时	主要解决问题	内容重点	教学素材／工具	教学目标
1课时	驱动性问题的解决方法和路径有哪些？	建构知识： 定义问题 完成任务： ① 分组设角 ② 任务分配 ③ 项目规划	①"丝路画卷"的视频素材 ② 苏格拉底式问题研讨法	教学目标： ① 激发对驱动性问题探究的兴趣。 ② 通过苏格拉底式问题研讨法，完成对驱动性问题的解构。 ③ 完成分组，填写《团队角色分工表》（见附录3），通过小组讨论，填写并提交《项目规划书》《团队协议书》《任务分配书》。
3课时	① 如何认知不同地区、民族和国家的民族民间音乐特点？ ② 如何运用AI技术来表达对作品的认识与感受？ ③ 如何探寻不同地区、民族和国家的民族民间音乐特点所形成的原因？	建构知识： ① 感知、体验作品，辨析不同地区、民族和国家具有代表性的民族民间音乐作品中的艺术之美。 ② 运用AI技术表达对音乐的认识与理解， ③ 通过对多学科知识的有机整合，深入文化语境，挖掘音乐与文化之间的内在关联，进而探究音乐特点形成的原因。 完成任务： 探究1：如何以"艺术传播与交流"为目标，设计一条"我走的丝绸之路"，并选择四个具有代表性的国家、民族或地区作为站点？ 探究2：选择的四个站点所处的国家、民族和地区音乐有哪些较为典型的特点？ 探究3：如何从文化角度分析其与社会生活、历史、地理或和其他艺术的关系以及音乐特点形成的原因？	①《飞天》 ②《丝绸之路》 ③《查尔达什舞曲》	① 通过音色、调式、旋律等音乐要素感知音乐所描绘的景象和传递的情绪，借助敦煌壁画中飞天形象的观赏，敦煌舞蹈的体验，认识敦煌艺术之美。 ② 了解敦煌的独特地理位置，以及古代汉唐"丝绸之路"政策使之成为中西文化交融地的历史背景，找到敦煌艺术形成独特风格的原因。 ③ 聆听《丝绸之路》《查尔达什舞曲》，体验作品的旋律美、色彩美和结构美。以小组讨论的方式，联系地理位置、自然风貌、历史变迁、民俗风情等方面，说出形成作品独特的审美特征和风格特点的原因。
2课时	如何设计创意性的表达来展现作品的独特魅力？	建构知识： ① 根据作品的典型特征，进行创意性设计，展现音乐文化的特点。 完成任务： 探究4：如何基于对作品风格、特点的感知与理解，进行创造性设计与演绎？ 探究5：如何生动地讲解作品的音乐特色并分析该特色形成的原因？	①《作画》 ②《丝路新绿》 ③《丝绸之路飞彩虹》	① 用歌唱或者表演唱的方式完整演绎三首歌曲。 ② 结合作品的艺术特点，联系创作背景、时代背景和文化背景，借助数字化、信息化技术对作品进行创造性设计与演绎。
1课时	如何设置情境，组织成果展示活动？	成果展示	①"一带一路"经济圈的地图 ② 将教室布置成为"学生乘坐列车"的情境	① 在地图上精确地标注出每个小组介绍的国家、地区或城市的位置。 ② 每个小组都能完整、自信地展示准备的作品。

三、项目实施

（一）入项

1. 视频素材

以一段名为"丝路画卷"的视频素材开启本次项目化学习。截至 2024 年 7 月，有一列火车通往欧洲 25 个国家 224 个城市，连接了 11 个亚洲国家 100 多个城市。视频展现了在"一带一路"倡议下，中欧列车既是翻越千山万水的"钢铁驼队"，也是满载发展机遇的"黄金列车"。

通过媒体视频，将学生带入"文化使者"的角色中，激发起他们对项目学习的兴趣：

"让我们登上这趟'艺术之旅'的列车，化身为文化使者，探索沿途经过的国家、地区和民族独特的音乐文化，用我们的力量将中华民族以及其他民族的艺术之美传递给世界，借助'一带一路'的旅程，让美美与共早一点到来。"

在学生的好奇与期待下，笔者揭示了驱动性问题、成果展示内容，公布成果展示的形式。

2. 分组设角

正式分组环节，教师公布小组数量、每组人数以及岗位。

小组数：两组　每组人数：16—20 人。

岗位：组织能人、音乐达人、历史学者、地理专家、语言大师、AI 能人。

岗 位	目标与责任
历史学者	愿意负责与历史相关的工作，能够组织同伴合作完成历史资料的查找、整理、阅读，并能够运用历史知识解决驱动性问题的同学。
地理专家	愿意负责与地理相关的工作，能够组织同伴合作完成资料的查找、整理、阅读，并能够运用地理相关知识解决驱动性问题的同学。
AI 能人	愿意负责项目中与 AI 等信息技术相关的子任务，希望能够在这个过程中，提升信息素养和创新能力的同学。

备注：教师可以针对一些新出现的岗位做简单介绍。

（二）公布评价方案

学生完成分组后，笔者正式公布本次项目化学习的评价方案，包括评价方式和内容。（详见《项目规划》中"项目设计"第三点"设计评价计划"）

（三）开展学习实践活动

驱动性问题："一带一路"连接欧亚大陆，沿线地区、民族和国家的民族民间音乐各具特色。为何这些地区、民族以及国家会形成如此这般的艺术特点？	
作品素材：《飞天》《丝绸之路》《作画》《查尔达什舞曲》《丝路新绿》《丝绸之路飞彩虹》	
学科核心子问题	驱动性问题的解决方法和路径有哪些？
完成的学习任务	完成分组、规划项目、分配任务
学习实践类型（主要）	探究型实践、调控型实践、社会型实践

学习实践	素材资源 学习支架
学习实践： 1.以"苏格拉底式问题研讨法"引导学生以小组合作的方式围绕"是什么""为什么""所以呢""能怎样"四类问题进行问题解构。 2.绘制"思维导图"，呈现问题解构的思考。 3.在项目展示板上展示各组绘制的《思维导图》，进行自评与互评。 4.完成《团队角色分工表》《项目化规划书》《团队协议书》《任务分配书》填写。 5.完成《项目化规划书》互评表。	学习支架： ①《丝路传奇·艺术之旅》问题解构（思维导图案例）（见附录3） ②《问题解构》互评表 ③《团队角色分工表》 ④《项目化规划书》 ⑤《项目化规划书》互评表 ⑥《团队协议书》 ⑦《任务分配书》
学科核心子问题：	如何认知不同地区、民族和国家的民族民间音乐特点？ 如何运用 AI 技术表达对作品的认识与感受？ 如何探寻不同地区、民族和国家的民族民间音乐特点形成的原因？
完成的学习任务：	伴随着《飞天》音乐进行"敦煌"舞蹈合作表演；利用数字化、信息化工具为音乐《丝绸之路》《查尔达什舞曲》设计背景图片或音乐创作；完成"丝路传奇"阅读笔记以及音乐风格特点、审美特征辨析课堂讨论单。
学习素材：	《飞天》《丝绸之路》《查尔达什舞曲》
学习实践类型（主要）	探究型实践、审美型实践、调控型实践、技术型实践

学习实践	素材资源 学习支架
1.民乐合奏欣赏《飞天》 ①聚焦民族器乐音色以及乐段之间音乐要素变化带来的情绪变化的感知，结合壁画欣赏、舞蹈体验，进一步体会敦煌文化艺术典型的审美特征。 ②引导学生探究莫高窟这一璀璨的艺术宝库所形成与发展的原因，认识到多民族文化交融给中华民族艺术带来的生命力和创新力，激发对民族文化的热爱。 2.歌曲欣赏《丝绸之路》 ①聚焦装饰音、人声音色以及调式的感知与体验，感受西域地区音乐给人带来的悠远、神秘、沧桑的美。 ②从作品所处的国家、地区自然环境、地理风貌中探寻音乐风格与文化的关系。	1.素材资源 ①三首作品的音频、乐谱资料。 ②敦煌、西域以及匈牙利地理、历史、民族风情的文献以及媒体资料。 ③敦煌舞蹈视频资料。 ④匈牙利代表性的民族民间舞蹈资料。 ⑤中国民族乐器图片、音频、视频资料。 2.学习支架 ①"丝路传奇"阅读笔记（见附录） ②《音乐风格特点、审美特征辨析单》（见附录） 3.信息化软件资源 ①"云游敦煌"微信小程序。

学习实践	素材资源 学习支架
3. 乐曲欣赏《查尔达什舞曲》 ① 聚焦不同乐段中节奏、速度、调式重复与变化的感知，体会匈牙利民间舞蹈音乐情绪对比强烈的特点。 ② 着重于从匈牙利民俗风情以及吉普赛人大量群居后的文化交融背景中探寻音乐的情感表达、风格特点与文化的关系。 4. 合作探寻丝路音乐与文化 ① 从丝路沿线选择感兴趣的民族、地区或者国家的民族民间音乐，分析其音乐特点。 ② 主动融合历史与地理学科知识，从文化角度联系音乐与社会生活、历史、地理或与其他艺术，分析音乐特点形成的原因。 ③ 完成《音乐中的文化特征》文案创作。	② 豆包、KIMI 等 AI 智能化对话体验助手。 ③ 即梦 AI：视频、图片生成功能。 ④ 天宫、海绵、音疯 AI：音乐创作软件。

学科核心子问题	如何设计创意性的表达展现作品的独特魅力？
完成的学习任务	为京剧唱段设计表演动作；为两首歌曲设计创造性演绎方案。
学习素材	《作画》《丝路新绿》《丝绸之路飞彩虹》
学习实践类型（主要）	探究型实践、审美型实践、社会型实践、调控型实践

学习实践	素材资源 学习支架
1. 戏曲唱段表演唱《作画》 ① 欣赏京剧《丝路花雨》选段，借助戏剧故事进一步理解敦煌艺术的辉煌不仅源于我国古代与其他国家地区的经济、文化交往频繁，更是得益于古代艺术家们卓越的创造力与精湛的技艺。 ② 进一步认识中国戏曲艺术是"歌、舞、剧"结合的综合艺术，体验唱腔中"一唱三叹""吐字归韵"的特点。 ③ 理解戏曲艺术表演中"虚实结合"的特点，结合故事，人物进行动作的设计与演绎。 （详见案例《作画》）（见附录教学设计） 2. 歌曲演唱《丝路新绿》《丝绸之路飞彩虹》 ① 完整演唱歌曲。 ② 在学习《丝路新绿》时，可着重体验速度、节拍等音乐要素，感受三拍子的独特律动，同时结合歌词内容所描绘的壮丽景象，体会其中所表达的激昂情绪。 ③《丝绸之路飞彩虹》学习可以侧重于节奏、速度、曲式等音乐表现要素，引导学生感受富有舞蹈性的音乐特点与热情奔放的情感表达。 ④ 引导学生结合作品的特点以及表现的内容，设计创意性表演方案。 3. 合作演绎作品 ① 学习该国家或者地区的一首具有典型特征的作品。 ② 以小组讨论的形式，选定最终创造性演绎方案，并进行排练。	1. 素材资源 ① 京剧《丝路花雨》视频片段。 ② 京剧唱段教学微课。 ③ 三首歌曲的视频、音频和乐谱资料。 ④ 利用人工智能工具围绕关键词进行文本、图片、音乐、视频搜索。 2. 学习支架 创演设计单（见附录）。 3. 信息化软件资源 ①"Dubbing X"：歌声转换功能。 ② 豆包、KIMI 等 AI 智能化对话体验助手。

非核心问题	关联学科	学习实践	支持性任务	素材资源学习支架
1. 如何设计一条以"艺术传播与交流"为目标，设计一条"我眼中的丝绸之路"，并选择四个具有代表性的国家、民族或地区作为站点？	历史 地理	① 融入历史与地理学科知识收集"一带一路"沿线代表性国家、民族与地区资料。② 对收集到的资料进行阅读、整理与分析。③ 以小组讨论的方式做出决策。④ 完成地理、历史学科学习单。	基于信息分析，选定四个站点所在的国家、民族或者地区具有代表性的音乐。	1. 学习支架 ①《丝路传奇·艺术之旅》资料收集、整理与分析结果汇总单 ② 地理、历史学科学习单（见附录3） 2. 素材资源 线下讲座：《丝绸之路：汉唐时期连接中外的文明纽带》
2. 如何分析艺术特点形成的原因？		探究四个站点所处的国家、民族或者地区的地理环境、历史变迁、生活习俗与音乐特点之间的关系。	撰写音乐特色形成原因的分析文稿。	
3. 如何整合其他学科，获取创新的灵感与助力？	语文 美术 舞蹈 信息技术	① 探究美术、舞蹈、语文、信息技术等学科与音乐表达、音乐创作之间的联系。② 如何基于对汉唐丝绸之路主题诗词的理解，进行"古诗（歌曲）新创"活动。③ 完成跨学科学习任务单。④ 学习与音乐表达、音乐创作相关的信息技术的使用方法。	融合语文、美术、舞蹈、信息技术等学科知识，通过多方资料收集、整理，获取灵感，每个小组对所选站点的一首代表性音乐作品进行创造性设计与演绎。	1. 学习支架 跨学科学习任务单《摹敦煌飞天神韵，品乐画交融之美》（见附录3） 2. 素材资源 ① 参观敦煌现代美术馆，聆听馆长讲座。②"歌词创作"主题讲座。③"AI技术赋能音乐创作"专题讲座。

备注：教师根据对学生可能遇到的问题的预测，提前规划解决核心问题与非核心问题的方案、准备素材资源并提供学习支架。教师在实际操作时可以根据学生的需求，及时给予指导，不必要求小组完全根据教师的预测开展实践。

（四）组织成果展示

成果展示包含两个主要环节。

在项目化学习的第七节课，学生在一个被布置成"列车车厢"（见下图）的教室中完成成果展示。教室墙壁上可以张贴由学生绘制的"一带一路"地图，标注将要分享的音乐文化所在的地理位置，旨在营造生动、逼真的成果展示环境，让学生置身于艺术旅途之中，增强展示的真实感，激发其参与的热情。

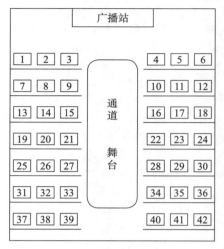

"列车车厢"图

教师邀请同学们自荐组成各大旅行团团长担任本次项目的特别嘉宾，为各个团队的展示成果打分，评选出最优秀的小组，授予"杰出文化使者"称号。在年级展示活动上，由"杰出文化使者团"为大家分享他们的研究成果。

以下是一场名为"丝路华彩，共绘未来"六年级跨学科项目化学习成果展示活动的流程：

一、序

1. 主持人简述本次项目化学习实施进程。

2. 列车员（AI数字人）将同学们带入"丝路传奇·艺术之旅"列车上，介绍由学生设计的"我走的丝绸之路"沿线的代表性国家、民族和地区的地理风貌、历史变迁以及民俗风情。

二、华彩乐章

1. 篇章（一）"AI赋能，丝路诗韵焕新声"

2. 篇章（二）"乐舞霓裳：演绎敦煌文化的多彩华章"

3. 篇章（三）"丝路乐韵：探寻西域音乐的奥秘"

4. 篇章（四）"各美其美，美美与共：中西方音乐的和谐共鸣"

四、项目反思

（一）完成评价

公布本次项目化学习中评审团对于每个小组完成作品的评价结果，组织学生完成《交流与合作能力评价表》和《个人任务完成情况评价表》。

（二）统计数据

1. 艺术素养目标达成数据统计

《艺术素养目标达成情况表》以"个人"为评价对象，依据教师课堂观察和《丝路传奇·艺术之旅》作品评价结果、《音乐课堂学习及作业检查情况记录表》、《创意设计单》评价、《辨析音乐风格特点、审美特征》评价等数据进行填写。

《艺术素养目标达成情况表》

维 度	优 秀	良 好	合 格	需努力	评价结果
审美感知素养	能够准确辨析包括旋律、力度、速度、节奏、曲式、音色等音乐表现要素的典型特征，准确分析作品的音乐特点。	能够较为准确辨析包括旋律、力度、速度、节奏、曲式、音色等音乐表现要素的典型特征，对作品的分析较为准确。	能够基本准确辨析包括旋律、力度、速度、节奏、曲式、音色等音乐表现要素的典型特征，对作品的分析有一部分有偏差。	无法辨析包括旋律、力度、速度、节奏、曲式、音色等音乐表现要素的典型特征，对作品的分析有较大偏差。	优 秀 良 好 合 格 需努力
艺术表现素养	能够积极参加所有艺术实践活动且表现优秀，完成所有学习任务；成果展示出极高的表演水准，给人留下深刻印象。	能够参加所有艺术实践活动且表现良好，完成80%左右的学习任务；成果展示具有一定的自信与张力，能够在一定程度上吸引观众的注意力。	能够参加部分艺术实践活动，完成60%左右的学习任务；成果展示表现较为平稳，能够完成基本的展示内容，没有出现明显失误。	只参加少数艺术实践活动，完成低于60%的学习任务；成果展示缺乏自信与张力，无法吸引观众的注意力。	优 秀 良 好 合 格 需努力
创意实践素养	能够对作品进行创意性设计，使作品展现出不同地区、民族和国家的风格特点，带来美的感受。	能够较好地对作品进行创意性设计，在作品中较为明显地展现出不同地区、民族或国家的部分风格特点，能给人带来一定的美的感受。	对作品进行一定的创意设计，能在作品中呈现出一些不同地区、民族或国家风格特点的基本元素，但整体表现不够突出和全面。	在作品创意设计方面表现较弱，难以有效地展现出不同地区、民族或国家的风格特点，作品中体现出的风格元素较少且不典型，美感不足。	优 秀 良 好 合 格 需努力
文化理解素养	能够深入且全面地将音乐置于丰富多元的文化语境中进行剖析；可以准确、透彻地阐释音乐作品形成特色的原因。	对于大多数音乐作品，能够识别并阐述其中较为明显的文化元素与文化背景对音乐的影响；可以较为准确地阐释音乐作品形成特色的主要原因。	对于常见的、具有典型文化特征的音乐作品，能够说出一些与之相关的文化背景信息；能初步分析文化与音乐之间的联系。	对音乐作品背后的文化背景了解较为匮乏，在分析音乐时，忽略文化因素；对于音乐作品形成特色的原因几乎无法准确阐释。	优 秀 良 好 合 格 需努力

2. 关键思维能力目标的达成情况

《关键能力目标达成情况表》是以"小组"为评价对象，依据学生提交的作业的检查结果，如《辨析音乐风格特点和审美特征》、《阅读笔记——丝路传奇》评价表、《丝路传奇·艺术之旅》作品评价等结果进行填写。

《关键能力目标达成情况表》

维　度	优　秀	良　好	合　格	需努力	评价结果
高阶认知策略运用能力	能够准确解构问题，项目规划详细且合理；完美融合其他学科知识解决问题，做出决策；高质量完成作品的创意表达。	较准确地解构问题的关键要素，制定的项目规划较为合理；能适度融合其他学科知识解决问题，做出决策；作品有一定的创意。	能对问题进行初步解构，大致明确项目的主要任务和目标，制定的项目规划具有基本框架；能在一定程度上融合其他学科知识解决问题，做出决策；有一定的创意元素，但创新性和独特性相对一般。	难以准确解构问题，抓不住重点和关键，制定的项目规划不完整或不合理；无法融合其他学科知识解决问题，做出决策；作品的创意表达存在较大问题，缺乏新意。	优　秀
					良　好
					合　格
					需努力
中低阶认知策略运用能力	能够围绕任务高效完成信息收集、整理、分类、对比、分析和推理。	能够围绕任务较好地完成信息收集、整理、分类、对比、分析和推理。	信息收集，整理和分类工作基本达标，但信息的相关性和完整性存在一定的欠缺。	信息收集，整理和分类工作混乱，无法有效筛选出关键信息。	优　秀
					良　好
					合　格
					需努力

3. 成功技能目标的达成情况

《成功技能目标达成情况表》以"小组"为评价对象，依据学生提交的项目规划书、任务分配书的质量，项目规划与《丝路传奇·艺术之旅》作品评价结果之间的关联以及《交流与合作能力评价表》结果进行填写。具体详见本书下篇第一个项目主题《我（们）和大海的故事》中的评价表。

（三）分析与反思

六年级上册的前三个单元针对学生艺术素养的审美感知素养的培育，都侧重于"音乐表现要素的感知、体验、认识与表达"。通过每一个项目中该指标的分析，可以准确了解不同班级的学生该素养的水平。教师可以把这三次数据生成"图表"，并直观地分析出学生经过三个项目主题的学习在素养变化方面的情况。如：学生审美感知素养是否有提升？如果有改变，变化的幅度是多少？班级之间变化的幅度是否有差异？这些差异是在缩小还是扩大？

附录1:《丝路传奇·艺术之旅》音乐学科与其他学科的关联

关联学科	关联的子问题	关联的子任务	跨学科核心知识
历史 地理	① 如何认知不同地区、民族和国家的民族民间音乐特点? ② 如何探寻不同地区、民族和国家的民族民间音乐特点形成的原因?	① 以"艺术传播与交流"为目标,设计一条"我眼中的丝绸之路"。在这条路线上,选择四个具有代表性的国家、民族或地区作为站点。 ② 从历史、地理、社会等多维文化视角,分析这些音乐特点的形成原因。	① 揭示历史表象背后的因果关系,接近历史真实。 ② 人们生产生活与区域地理的关系。
语文 美术 舞蹈 信息技术	如何借助 AI 等信息技术丰富作品的创意表达?	每个站点选择一首代表性音乐作品,进行创造性设计与演绎,赋予其新的艺术生命力。	主动关联其他学科,联系生活特色,运用相关信息技术进行创新活动。

附录2:驱动性问题分解

子问题与子任务之间的逻辑关系

序 号	子问题	知识与技能	子任务
1	驱动性问题的解决方法和路径有哪些?	① 能够提出需要解决的问题:丝路沿线有哪些代表性的国家和地区? 其中哪个国家、地区的音乐让我们产生探究的兴趣? 这些作品中最典型的特征是什么? 是什么原因让这个国家、地区的音乐具有这些独特的审美特征? 如何融合其他学科帮助我们更好地在文化语境中理解音乐? 如何对作品进行创意性地设计与表达等。 ② 能够结合组员的兴趣、特长,规划与设想问题研究的方法和路径。	① 准确理解探究的问题。 ② 设计问题解决的方案。
2	如何认知不同地区、民族和国家的民族民间音乐特点呢?	聚焦音色、旋律、曲式、调式、速度、力度等音乐表现要素的典型特征,分析作品的特点以及风格。	准确分析小组选择的某一个国家、地区音乐作品的特点以及风格。
3	如何探寻不同地区、民族和国家的民族民间音乐特点形成的原因?	① 能够运用信息收集、整理、归类等认知策略,广泛收集与作品相关的文化信息。 ② 能够运用分析和推理等认知策略找到作品的音乐特点与当地文化的联系。	① 选择适合的研究路径,分析音乐与民族、地区以及国家的文化之间的关系。 ② 用语言介绍作品的艺术特色以及形成特色的原因。
4	如何设计创意性的表达来展现作品的独特魅力?	① 准确且有表现力地演唱歌曲。 ② 基于作品的审美特征、风格特点提出创意性的表达设计。 ③ 完整演绎作品。	对作品进行创意性表达的设计与演绎。

附录 3：学习支架

① 团队角色分工表

班级：_____

组员（姓名）：			
四个站点的分组：			
站点 1	音乐达人：_____ 历史学者：_____	语言大师：_____ AI 能人：_____	地理专家：_____
站点 2	音乐达人：_____ 历史学者：_____	语言大师：_____ AI 能人：_____	地理专家：_____
站点 3	音乐达人：_____ 历史学者：_____	语言大师：_____ AI 能人：_____	地理专家：_____
站点 4	音乐达人：_____ 历史学者：_____	语言大师：_____ AI 能人：_____	地理专家：_____

备注：请在整个团队的组织能人（兼职）学生姓名上打上★★；请在每个站点组织能人（兼职）姓名上打上★。

② 问题解构（思维导图案例）

为什么？
① 为什么该国家、地区的音乐能够引起我们探究的兴趣？
② 是什么原因让该国家、地区的音乐具有这些独特的审美特征？

能怎样？
① 运用哪些方法，通过哪些路径可以对音乐作品的艺术特点，风格，以及音乐作品背后蕴含的文化内涵进行深入，有效地探究？
② 选择哪首作品既能够充分表达我们对作品的理解，又能凸显我们艺术能力和艺术特长？

是什么？
① 丝路沿线有哪些代表性的国家、地区？
② 我们对其中哪一个国家、地区的音乐产生了探究的兴趣？
③ 这些国家、地区具有代表性的作品有哪些？
④ 这些作品最典型的特征是什么？

能怎样？
① 如何对作品进行创意性设计，展现作品的艺术美丽？
② 如何选择并运用信息技术，以此来丰富艺术表达和创意实践？

所以呢？
① 如何从国家或者地区的自然地理环境角度来理解音乐？
② 如何从国家或者地区的民俗风情来理解音乐？
③ 如何从国家或者地区的历史风貌来理解音乐？
④ 其他艺术形式的发展对于音乐有着怎样的影响？

③ 阅读笔记——丝路传奇

国家（地区）	收集资料				资料组织、整合与加工
甘肃敦煌	□地理位置	□自然风貌	□历史变迁	□民俗风情	
西域 （中亚、西亚）	□地理位置	□自然风貌	□历史变迁	□民俗风情	
匈牙利	□地理位置	□自然风貌	□历史变迁	□民俗风情	

备注：从"收集资料"中勾选资料的主要方向。

④ 辨析音乐风格特点、审美特征

作　品	音乐特点	文化背景	风格特点、审美特征
《飞天》			
《丝绸之路飞彩虹》			
《查尔达什舞曲》			

⑤ 创演设计单

	音乐特点	文化内涵	创演设计
丝路新绿			
丝绸之路飞彩虹			

⑥《音乐中的文化特征》文案

介绍的地区、民族或者国家：	展示的作品：
文化特点：	（建议从地理风貌、历史变迁以及其他艺术形式的发展角度收集、整理资料）：
作品的特点：	（建议从音乐作品的风格特点、审美特征角度分析作品）：
音乐与文化联系：	（基于以上的分析，找到音乐与文化的联系，从2—3个角度阐述）：

⑦ 地理、历史学科学习任务单

1. 请以"艺术交流与传播"为课题设计一条"我走的丝绸之路"。

（1）请在地图中用"彩色笔"画出该线路，并用"●"标注出你所在小组选择的四个站点。

（2）简述设计这条线路的理由。

_____

_____

2. 从文化特色、地理环境、历史变迁、民俗风情等角度，对选择的四个站点进行资料收集，并在表格中呈现对收集资料的整理。

	文化特色	地理环境	历史变迁	民俗风情
站点（　　　）				

3. 结合以上资料，找出该站点音乐特点与该地域文化之间的联系。

_____

_____

⑧ 跨学科学习任务单"摹敦煌飞天神韵，品乐画交融之美"

1. 通过"云游敦煌"小程序，了解敦煌莫高窟的历史背景及艺术价值，并记录以下信息。

① 莫高窟建于哪个朝代？

_____

② 莫高窟的主要艺术形式是什么？

_____

③ 为什么莫高窟被称为"世界文化遗产"？

_____

2. 观察并描摹飞天女神的形象，分析其线条、造型与色彩的特点。

① 描述飞天女神的姿态特点。

_____

② 分析壁画的线条有怎样的特点。

_____

③ 记录壁画中使用的主要颜色，并说明这些颜色带给你的感受。

_____

3.聆听民乐合奏《飞天》，探索音乐旋律、调式色彩与壁画艺术之间的联系。

① 音乐和壁画在表现"飞天"主题时有哪些共同点？

_____

② 音乐的旋律行进，调式色彩与壁画人物形象、线条与色彩有何相似之处？

_____

4.结合历史、地理等角度，分析敦煌文化中多民族艺术的交流与融合。

① 从音乐、绘画、舞蹈等表现形式中探寻，哪些元素体现了不同民族的文化特点？

_____

② 敦煌的地理位置是如何促进多民族艺术的交流与融合的。

_____

③ 你认为多民族艺术的融合对敦煌文化发展具有什么意义。

_____

五、案例

教学设计：《京韵之旅——作画》

上海杨浦双语学校　赵　湘

【教学内容】一路繁花（上海音乐出版社六年级第一学期第三单元）

【教学课时】第五课时

【教学对象】六年级学生

【教材分析】

《丝路花雨》为新编京剧作品。它以盛唐时期中西方经济、文化交流的繁荣景象为背景，讲述莫高窟画工神笔张及其女儿英娘、波斯商人伊努斯之间的感人故事，展现了敦煌文化的辉煌和丝绸之路上中外人民的深厚友谊。

《作画》是该剧中的一个唱段，生动地描绘了主人公将对亲人的依依惜别之情融入壁画创作中的情景，深刻表现了艺术与情感的交融。该唱段为西皮腔调的男女对唱，原板板式，一板三眼，中等速度。

男生的行当为武生，以大嗓演唱，唱腔流畅自然，动作刚健有力，尽显豪迈之气；女生的行当是花衫，运用小嗓，音色明亮、清脆，动作优雅、典雅，尽显柔美之姿。在唱腔的处理上，遵循"腔随字走"的原则，即腔调随着歌词的抑扬顿挫而变化，使得一唱三叹的效果更加突出，情感表达更为细腻而真挚。

该选段中，武生在保持身形挺拔、动作刚健有力的同时，借助道具表现人物潜心创作的姿态；花衫则动作优雅典雅，顾盼生姿，与武生动作配合，既推动情节发展，又展现惜别之情。

【学情分析】

戏曲艺术是中小学阶段重要的学习内容。作为一种高度综合性的艺术形式，京剧在声音的控制、情感的表达以及身体语言的运用上都有着极高的要求，尤其是戏曲的演唱方法与歌曲的歌唱方法均存在着很大差异，在发声、吐字、润腔和装饰音的演唱方面也有其独特要求。

六年级学生在小学阶段已接触过戏曲，对戏曲艺术的典型特点，如集"歌、舞、剧"为一体的综合性有了一定了解。他们虽学唱过一些简单的京剧唱段，但对于京剧唱腔及表演的独特特点仍较为陌生。他们要尝试设计身段表演，完成又唱又跳的学习任务，对完成相关作品的表演唱在总体上还存在一定难度。

【设计思路】

一、项目驱动

本课时是在已有知识基础上侧重于探究本次项目的第四个子问题："如何设计创意性的表达来展现作品的独特魅力？"完成的子任务是："结合作品的特点，设计表演动作"。本课紧密围绕子问题与子任务，依据学生的实际需求积极搭建学习支架。教师可以引导学生以京剧作品为载体展开学习，通过问题探究逐步掌握解决核心问题的关键方法与路径，即按照"感知——认知——理解——创造——表现"的流程进行学习。

首先，学生通过接触同一作品的两个不同艺术形式版本，对敦煌文化有更深入的认识。其次，学生借助识读乐谱、歌唱体验以及 AI 搜索等方式，深刻认识到京剧艺术在唱腔与表演方面的独特美感。最后，学生在理解的基础上尝试为角色设计肢体动作，并通过合作录制演绎视频，最终形成完整的表演唱作品，充分展现戏曲艺术的独特魅力。

二、巧用信息技术，搭建学习支架。

要完成本节课的目标，六年级学生主要面临三个困难：一是如何以歌唱方式表现京剧的韵味？二是如何快速积累京剧身段表演特点的知识和技能？三是如何进行创意性的表演设计？

教师可以借助信息技术，搭建学习支架，助力学生完成学习任务，实现学习目标。如，借助 AI 技术实现歌声转换功能，将自己的音色转换成专业京剧演员歌唱。当学生听到自己也能唱出"大师级"的声音时会大大增强演唱信心，更积极地投入学习中。又如，借助音频视频结合技术，把"大师级"的声音与所创编的表演动作相结合，让学生即时看到学习的成果，从而更直观地感受戏曲表演的魅力，加深对戏曲艺术的理解与掌握，高效提升自身的戏曲综合表现能力。

【教学目标】

1. 欣赏京剧《丝路花雨》选段，感受壮丽的敦煌文化背后是多元的艺术交融，是坚韧的民族精神，是人们生活最直接和生动的艺术表达，提升学生的文化理解素养。

2. 体会音色、唱腔和肢体动作表演产生的艺术感染力和独特魅力，进一步了解戏曲艺术集"歌、舞、剧"于一体的艺术特点，提升审美感知素养。

3. 掌握豆包、Dubbing X 等 AI 软件使用方法，完成京剧的表演动作学习以及特点的探究，能够结合人物和剧情为《作画》唱段设计肢体动作，最后呈现出最佳的"表演唱"效果，提升创意实践、艺术表现以及信息素养。

【教学重点与难点】

1. 通过歌唱与聆听，体会戏曲的艺术特点。

2. 为剧中角色设计表演动作，有表现力地完成作品的演绎。

【教学过程】

一、导入

敦煌有着特殊地理位置。它在历史长河中成了东西方文明交汇的枢纽，见证了丝绸之路的繁荣与兴衰，孕育了灿烂、辉煌的敦煌文化。

1. 作业反馈

【设问】借助哪些 AI 软件，输入了哪些关键词，获得了哪些有关《丝路花雨》的信息？

2. 作品欣赏

【设问】如何从音乐、舞蹈、历史、地理等角度理解故事的表达？

广博的敦煌文化吸引着人们通过多样的艺术形式创作众多艺术作品，在传递丝路精神的过程中，为传统艺术的创新发展注入了丰富的灵感。在历史长河中，戏曲艺术逐渐形成其独特的表演形式与审美韵味。如何准确把握这一特点，设计创意性的表达和展现作品的独特魅力呢？这是今天我们要一起探究的问题。

设计思路：

　　紧扣本次项目化学习核心知识"音乐中的文化特征"，搭建融合音乐、信息技术、历史、地理等多种学科知识解决问题的情境，提升学生在文化语境中感知、认识和理解艺术的能力。

二、新授课

（一）体验京剧唱腔之美

1. 聆听《作画》唱段

【关键设问】音色、旋律有怎样的特点？

用真声与假声体验"i"与"a"母音的开嗓练习。

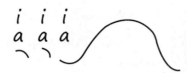

2. 识读乐谱

2 3 2 | 0 3 2 2 1 — | 0 1 6 3 2 3 2 2 3 | 2.5 3 2 1.2 3 1 2 — |

笔　　端　　思　　绪　　涌，

3. 分角色演唱

4. AI 助力学唱

师：俗话说"台上一分钟，台下十年功"，要把这个唱段唱得有韵味，还需要勤学苦练。老师给同学们推荐一款名为"Dubbing X"AI软件更高效地掌握歌唱。

> **设计思路：**
>
> 　　本环节聚焦京剧艺术音色、旋律上的典型特征，引导学生体验京剧旦角音色明亮、清脆，武生浑厚有力，以及"一唱三叹"的唱腔特点。
>
> 　　《作画》是本单元的歌唱曲目，提升戏曲演唱的技能是本单元较为重要的学习内容。该唱段对于六年级学生来说有难度，可以借助AI技术来实现歌声转换功能，并将自己的音色转换成专业京剧演员的歌唱，增强学习的趣味性和成就感，进而更为高效地完成戏曲学唱任务。

（二）探究京剧表演之美

【关键设问】如何为这个唱段中的人物表演设计身段动作呢？

1. AI 信息搜索

师：可以用豆包、KIMI 等 AI 软件搜集、查找这两个角色的典型身段动作。

【设问】武生与旦角动作各有怎样的特点？

2. 设计动作

（三）创作京剧交融之美

1. 表演拍摄

2. 成果分享

师：这是老师用 AI 技术生成的歌唱音频与表演视频结合后的"表演唱"效果。请同学们评价一下，还有哪些地方可以改进？

> **设计思路：**
>
> 　　本环节是基于学生现有的知识与技能，搭建学习支架促进学生创意实践素养提升。学习支架有"AI 软件"的大数据搜索、音频与视频的合并技术，助力学生依据戏曲的独特魅力进行创意性设计，进而完成"表演唱"的学习任务。

三、小结

项目主题四、《乐舞声韵》

涉及教材	上海音乐出版社义务教育教科书（五·四学制）·艺术·音乐 六年级上册　第四单元　歌之舞之
适用年级	六年级
涉及学科	学科项目（音乐）
总课时数	6课时

一、项目启动

（一）选定主题

1. 教材分析

本单元的主题是"歌之舞之"，选取的作品都与舞蹈艺术紧密相关，分别是《化装舞会》《木偶的步态舞》《哈巴涅拉》《万水千山总是情》《阿里郎》。

五首乐曲的关联性解读如下：

☑《化装舞会》：属于舞蹈音乐，最早流行于阿根廷底层，后吸收了欧洲、非洲、美洲等多种文化因素慢慢形成和发展。歌唱性的音乐旋律与鲜明的节奏结合、深沉忧郁的情绪与激昂热烈的情绪表达相结合是探戈音乐的典型特点。探戈既是一种器乐、歌曲体裁，常用作音乐会、演唱会的表演曲目，也是一种社交舞蹈。舞蹈风格洒脱有力，在固定步伐动作组合下，有大量的即兴表演，传达复杂的情感，如激情、悲伤、愉悦等。探戈舞者常使用脚跟和脚尖来演绎复杂的步伐，包括踢踏、拖步和停顿，这些技巧增加了舞蹈的质感和节奏变化。舞蹈的动作语汇，如步伐、姿态、表情、律动与音乐的节奏、力度、速度统一，它们的结合能够给人带来和谐统一的视听美感。

☑《哈巴涅拉》：该曲选自比才歌剧《卡门》第二组曲，是管弦乐曲。选取源于非洲，后又流行于古巴的一种舞曲"哈巴涅拉"的典型节奏和风格创作而成。音乐往往采用中等速度，常见附点和三连音节奏，能够给人带来较为灵活、流动感强、情感表达强烈的听觉感受。哈巴涅拉舞蹈的步伐通常有缓慢的步进、拖步和旋转，动作流畅，舞者通过身体的曲线和柔和的动作展现肢体的美感。这种舞蹈还有一个显著特点就是舞者的身体摇摆，尤其是臀部的摆动，这是古巴舞蹈的典型特征。

☑《木偶的步态舞》：有大量切分音和带断音的八分音符"拉格泰姆"音乐常用于美洲黑人"步态舞"的伴奏。这种具有典型美国爵士舞曲风格的节奏为作品带来很强的左右摇摆的律动感，同时自带夸张、幽默的气质。作曲家德彪西选用该风格创作了《木偶的步态舞》。步态舞产生于美国黑人奴隶对白人举止和方式的模仿，演员表演时的舞蹈动作和表情都比较夸张，常见的有雄视阔步，男女舞者手挽手高高踢腿等。

☑《万水千山总是情》：原是一首较为抒情的歌曲，舒缓的节奏和缓慢的速度，表达了一种跨越山海艰难免险阻的真挚情感。之后，歌曲被改编成为一首舞蹈歌曲，以伦巴舞蹈的典型节奏贯穿全曲，让原本舒缓的旋律在伦巴节奏的加持下，增添了一份优雅与浪漫的气息。伦巴是源自非洲的一种民间舞蹈，它的动律产生于劳动，古巴人头顶大筐搬运香蕉等水果时，要求上身平稳，走起来上压、下顶，形成臀部的摇摆。胯部的摆动是伦巴舞蹈的核心表达方式，通过这种动作展现了伦巴舞蹈的热情和魅力。另外，手臂的延伸和曲线增加了舞蹈的视觉效果。

☑《阿里郎》：朝鲜族民歌，常以歌舞相伴的形式出现在舞台上。这与朝鲜族能歌善舞的民族特点密切相关。该曲最具民族特色的是其节拍为三拍子，中等速度，旋律悠扬，具有歌唱性。长鼓的伴奏使歌曲节奏鲜明，具有较强的律动感。与音乐风格相同，朝鲜族舞蹈动作大多优雅含蓄，在肢体线条与手臂舞姿上的表现为含胸、内敛、垂臂、屈膝等体态特征。

基于作品的分析，它们之间的关联性如下：

① 五首音乐作品均与舞蹈艺术紧密相连。其共同特性在于，一是具有典型舞蹈特征的节奏型自始至终贯穿于作品之中，从而使音乐具备了鲜明的节奏感。二是虽然各首作品的音乐风格迥异，但与之相适配的舞蹈的姿态、基本步伐、身体线条以及律动等都与音乐的风格相统一，音乐为舞蹈引领节奏、赋予情感基调，两者相辅相成。

② 探戈、哈巴涅拉、伦巴、步态舞、朝鲜舞等舞蹈形式在其形成的过程中，皆与当地人民的生活息息相关，深刻反映了不同地区和文化背景下的社会习俗以及情感表达。例如，伦巴是古巴人民劳动时行走姿态的艺术化呈现，它将日常生活中的动作进行提炼和升华，融入情感与节奏，成为一种独特的舞蹈艺术形式。步态舞最初源于美国南部的奴隶社区，最初以轻松愉快的步行比赛形式出现，获胜者会获得蛋糕作为奖品，而后逐渐发展演变成一种具有特色的舞蹈样式。在人类诞生的早期阶段，音乐、舞蹈等艺术形式相伴而生，之后又在各自的文化土壤中生根发芽。音乐作为听觉艺术，舞蹈作为视觉艺术，有其自身独特的语言和表达方式。

2.研读课程标准

（1）核心知识

新课标基本理念包括以美育人、重视艺术体验和突出课程综合，重视音乐学科与姐妹艺术及其他学科的联系，充分发挥协同育人的功能。基于本单元的主题情境和作品典型特征，结合课程标准对于第三学段的要求，提炼出本单元学生需要学习学科核心知识：音乐与舞蹈艺术在表现材料、艺术特点等方面的异同。

（2）理解目标

从艺术的本质上讲，一切艺术都是人类表达思想感情和观念的实践活动，只是各自所用的材料和方式不同。不同的艺术形式或同一艺术形式的不同方面在审美意蕴、表现手法等方面存在着许多相通之处。在与其他艺术表演形式的融合过程中，对不同艺术门类的表现形式、表现特征进行比较，可以扩展学生的艺术视野，深化学生对音乐艺术以及音乐与生活关系的理解。为聚焦学科核心概念，笔者把本单元理解目标制定为：认识艺术是人类精神文明的重要组成部分。

（3）成功的技能

反思是一种深层的思考过程，要求学生不仅要完成动作，更要思考动作背后的原因和可能的改进空间。反思能力的提高将使学生在遇到挑战时更加从容，能够独立分析问题并找到解决方案。这是二十一世纪不可或缺的关键技能之一。

基于对学情的深入分析以及本单元学习内容的考量，笔者把本单元学习的技能目标设定为：提升反思能力。

（二）设计驱动性问题

1. 提出问题

音乐与舞蹈都是擅长表达人们内心情感的艺术形式。在表达情感时，音乐与舞蹈哪个更能引发人们的共鸣？

2. 设计展示成果

深入探讨辩题"抒发情感时，音乐与舞蹈哪个更能引发人们共鸣？"，并根据己方的辩题完成"辩论手册"的撰写，里面包含四个辩手的辩论稿。此外，完成一段能展现己方观点的音乐或者舞蹈表演。

3. 创设情境

创设真实的或者具有真实性要素的情境，能够带给学生真实感受与体验，以激发他们学习探究的兴趣：

同学们，你们是否曾亲临辩论赛现场，感受过辩手们满怀激情、信心十足地阐述自己的立场，逻辑严密地反驳对方的观点？如果你们渴望体验这样的场景，那么机会来了！让我们一同踏上这场辩论赛之旅。在这里，你们将有机会成为舞台上那颗闪耀着"智慧之光"的璀璨明星！

这场辩论赛与众不同，是一场别开生面的"沉浸式"辩论体验。辩手们的辩论方式不局限于语言表达，还可以借助艺术展示、音视频资料呈现等多种形式，让论证更加生动有力。采用丰富多样的表现形式，能帮助大家更直观地理解论点，更深刻地感受辩论的魅力。

4. 设计思路

笔者以趣味性、开放性、挑战性和可行性这四个关键要素作为综合考量的依据设计驱动性问题。

（1）趣味性

六年级学生正处于自我意识快速发展的时期，他们对新鲜事物有着浓厚的兴趣，并热切希望探索那些他们尚未涉足的领域。与此同时，这个年龄段的学生已开始逐步培养更高级的逻辑思维技能。鉴于这些发展特点，"沉浸式辩论赛"作为一种创新性的活动形式，对学生来说具有很大的吸引力。它不仅能够吸引那些热爱艺术的学生，让他们通过舞蹈、音乐等表演形式直观而生动地表达自己的认识和情感，还能够满足那些擅长语言表达的学生需求，让他们在演讲中锻炼和提升自己的表达能力。对于那些擅长逻辑辩证的学生来说，这更是一个展现自己分析和论证能力的舞台。这一活动巧妙地将辩论的逻辑魅力与艺术表演的直观表现力相结合，为学生提供了多元化的表达平台。

（2）开放性

本次项目展示以辩论赛的方式展现学生的学习成果，辩论赛辩题和形式、参与主体以及评价方式都充分展现了"开放性"的显著特点。首先，辩题具有开放性。正反双方的论点都没有绝对的定论，为正反双方提供了广阔的思考和辩论空间，让学生能够从不同角度深入探讨音乐与舞蹈之间的关系；其次，辩论形式具有开放性，它不再局限于传统的语言辩论，辩手们可以通过舞蹈展示、音视频资料等多元方式来论证观点。这种开放的形式打破了常规，为学生提供了更多展现才华和创意的途径，使辩论不再枯燥单一；参与主体具有开放性，无论学生擅长语言表达、舞蹈表演还是资料整合，都能在辩论赛中找到自己的发挥空间，充分展示自己的特长和优势；最后，在评价方式上，评价标准不再局限于传统的逻辑论证，还包括创意表达、艺术表现力等多元因素。

这种具有开放性特点的活动能够为学生带来全新的体验，激发他们的无限潜能，让他们在自由开放的氛围中深入思考、积极表达、共同成长。

（3）挑战性

这场辩论赛不仅是对学生们语言表达能力的考验，更是对他们认知策略运用和高阶思维技能的挑战。首先，学生运用中低阶认知策略收集和整理音乐与舞蹈在表现材料、艺术特点等方面的异同，从中提炼出各自的特点以及彼此之间的联系，从证据中提炼出有效论点，并将这些论点组织成有逻辑的论证结构。其次，运用高阶认知策略发挥创新思维，设计独特而有力的论据，如运用"决策"这一策略做出一系列决策，包括选择哪些论据、如何组织辩论结构、何时使用舞蹈或音视频资料等。又如运用"创见"这一策略进行音乐与舞蹈作品的创作等。

（4）可行性

以"辩论赛"作为成果展示，无论在时间、地点、形式和内容准备等方面都具有充分的可行性，能够顺利开展并取得良好的效果。首先，从时间上看，安排在本单元第六课时，可以给予学生充裕的准备时间，且与学生的课程进度相契合，不会给他们造成额外的学业负担；其次，在辩论形式上，辩手们可以在赛前根据自己的论点准备相关的舞蹈表演，收集和剪辑音视频资料，加之音乐教室能够提供场地和设备支持，确保了这些展示方式能够顺利进行；最后，对于辩题的理解和准备也是该学段学生所能掌握的。音乐与舞蹈是学生在艺术学习中常见的形式，他们对此有一定的认知和感受。

通过前期的资料查阅、课堂讨论以及个人思考，学生们能够形成自己的观点，并围绕其进行有深度的辩论。

二、项目规划

（一）项目简介

本项目选自新教材六年级上册第四单元"歌之舞之"，包含6课时，在第六课时举办一场辩论会，展示学习成果。本项目聚焦的学科核心内容是音乐与姐妹艺术之间的联系，引导学生通过感知、体验、比较，探究音乐与舞蹈艺术在表现形式、表现特征上的联系与差异，并运用这两种艺术形式表达内心情感，引发观众情感共鸣。

为了达成这一目标，教师可以创设"沉浸式"辩论会情境，该情境能够助力学生充分表达他们对核心内容的认识与理解。在辩论会中，引导学生运用发散性思维剖析问题结构，紧紧围绕驱动性问题，开展包括欣赏、歌唱、舞蹈、创编等在内的一系列艺术实践活动。

在活动过程中，学生们运用比较、分析、推理以及问题解决等认知策略，深入探究音乐与舞蹈在表现形式和表现特征上的内在联系，进而更加深刻地理解音乐在舞蹈艺术中所占据的重要地位。最终，他们能够借助舞蹈表演、语言表达等方式，清晰阐述自己对于音乐与舞蹈关系的认识与理解。通过参与本项目的学习，不仅能够有效促进学生在艺术表现、创意实践和文化理解等方面素养的提升，还能进一步增强他们的逻辑思维能力和语言表达能力。

（二）项目设计

1. 挑战性问题

（1）本质问题

音乐与舞蹈在表现形式、艺术特点等方面有哪些异同？

（2）驱动性问题

音乐与舞蹈都是擅长表达人们内心情感的艺术形式。在表达情感时，音乐与舞蹈哪个更能引发人们的共鸣？

（3）公布成果展示的内容

深入探讨辩题"抒发情感时，音乐与舞蹈哪个更能引发人们共鸣？"，并根据己方的辩题完成"辩论手册"的撰写，应包含四个辩手的辩论稿。此外要完成一段展现己方观点的音乐或者舞蹈表演。

（4）公布成果展示的形式

每个班级组建两支辩论团队，每个团队设辩论组、资料组、音乐组、表演组、创编组五个小组，共计 20 名成员组成。

通过抽签决定每队的正反方辩题。正方辩题为：抒发情感时，音乐比舞蹈更能引发人们共鸣。反方辩题为：抒发情感时，舞蹈比音乐更能引发人们共鸣。

邀请音乐、语文与数学学科老师组成专业评审团，对每个小组的现场表现打分，最终选出获胜的队伍。

（5）子问题

① 驱动性问题的解决方法和路径有哪些？

② 音乐与舞蹈在表现形式与艺术特点上有哪些异同？

③ 怎样将音乐与舞蹈连接起来？

2. 设计项目目标

（1）在问题探究、活动创演中，加深对音乐与舞蹈艺术在表现形式和艺术特点上异同的认识与理解，与同伴一起合作完成"沉浸式"辩论赛。在活动中要自信地表达自己的想法，提升创意实践和文化理解素养。

（2）通过欣赏、歌唱、舞蹈、拍奏等艺术实践活动，聚焦节奏、旋律、力度和速度等音乐表现要素，姿态、动作、步伐等舞蹈语汇的感知与体验，体会不同地区、民族和国家的音乐与舞蹈所传达出的独特情绪情感，以及展现出的鲜明风格特征。初步掌握运用音乐与舞蹈艺术来表达情绪情感的方法，进而认识到音乐与舞蹈在情绪情感传达中所发挥的重要作用，实现审美感知与艺术表现素养的提升。

（3）熟悉及体验"辩论会"这一形式，逐步提升学生思辨、信息处理、公众演讲以及快速应变的能力。

（4）通过对"获取和整合信息能力"以及"合作与交流能力"的评价，对数据进行分析，提出进一步改进建议，提升反思能力。

3. 设计评价计划

（1）过程性评价

① 音乐课堂学习及作业检查情况记录

该记录表主要用于课堂上教师以提问的方式检查学生在上一节课或者前一阶段的学习情况。

《乐舞声韵》课堂学习及作业检查

1	课堂学习关键设问： 了解探戈诞生的背景，结合音乐与舞蹈表现方式以及艺术特点的感知与体验，阐述其特点形成的原因。
2	课堂艺术实践活动： 聆听几段探戈音乐，连接音乐与相应的伴奏型。
3	作业检查内容： 聆听探戈音乐，将脑海中浮现的有关舞蹈情绪、节奏韵律、肢体动态的关键词记录下来，然后在 AI 软件中输入这些关键词句，生成相应的舞蹈视频。最后，借助视频编辑软件，完成音乐与舞蹈的融合。 检查标准应从情绪、节奏等角度评价音乐与舞蹈的契合度。
4	课堂艺术实践活动： 辩论前的热身活动应围绕"音乐与舞蹈有怎样的关系？"，以《木偶的步态舞》为例，从"是什么""为什么""怎么样""还有什么"等角度轮流向对方辩友提问，回答正确得分，看看哪组能够获得最高分。
5	课堂艺术实践活动： 准确拍奏乐曲《木偶的步态舞》的典型节奏，观看步态舞，思考音乐与舞蹈在表现形式和艺术特点上的异同。
6	作业检查内容： 以开火车的方式检查歌曲《万水千山总是情》的学习情况，轮到歌唱的同学每人唱一个乐句，没有轮到歌唱的同学跟着音乐拍奏伦巴舞蹈典型的节奏型。 检查标准应从音准、节拍、节奏、力度和情绪角度给予"优秀、良好、合格与需努力"评价。
7	课堂艺术实践活动： 分析《阿里郎》音乐与舞蹈特点，找到它们在表现形式和艺术风格上的联系。
8	作业检查内容： 以小组合作方式完成"手机铃声"舞蹈编创与表演。 检查标准应从风格、节奏、情绪等角度评价音乐与舞蹈的契合度。

（2）总结性评价

①《获取与整合信息能力》评价

《获取与整合信息能力》评价量表从"信息收集、信息组织、信息整合"三个维度设计评价尺度，以此来评价学生的能力。

《获取与整合信息能力》自评表

维　度	优　秀	良　好	合　格	需努力	自　评
信息收集	能够通过多种渠道，尤其是能够熟练使用信息技术来收集学习所需要的足够量的信息；收集的信息有较高的准确性，与研究问题有紧密的相关性，且内容有深度。	收集到许多的信息，只是通道略微少一些，信息技术使用也略微生疏；收集的信息大多是准确的，与研究问题有一定的联系，且有一定的深度。	能够收集到较少的信息，且较少使用信息技术；收集的信息基本准确，但是有许多缺漏，与研究的问题有一些联系，流于表面，缺少深度。	没有收集信息或者收集的信息数量很少，且与研究问题关联性较小。	

（续表）

维　度	优　秀	良　好	合　格	需努力	自　评
信息组织	能够仔细阅读信息，将收集到的信息按照清晰的逻辑结构进行分类和整理。	完整阅读信息，将收集到的信息进行分类和整理，它们之间有些缺少逻辑联系。	阅读部分信息，将信息进行分类整理，它们之间大部分没有逻辑。	没有阅读信息，没有将收集到的信息进行分类和整理。	
信息整合	能够对所收集的信息进行深入分析，识别其中的关键要素和内在联系；在对各类信息深入理解后，从多个角度剖析信息的意义和价值；将分析后的信息加以综合，构建起较为完整的知识结构，从而形成对问题的全新理解。	能够大致分析出信息的关键要素和一定的内在联系；对信息有一定的理解，能从1—2个角度探讨信息的意义和价值；能尝试将部分信息综合起来，但知识结构的完整性还有所欠缺，对问题能形成一定程度的新理解。	能初步识别信息的一些关键要素；对信息的理解处于较浅层面，只能从有限的角度思考信息的意义；在综合信息方面能力较弱，构建的知识结构不够清晰，对问题的新理解不明显。	难以识别信息的关键要素和内在联系；对收集到的信息理解不足，无法思考其意义和价值；基本不能综合信息，没有构建知识结构的意识，不能形成对问题的新理解。	

完成评价表后，教师引导学生对自己运用"信息收集、整理、归类、分析"这些认知策略去解决问题的能力进行反思，填写反思表，从而进一步提升思维能力。

《获取与整合信息能力》反思表

在哪些方面有明显进步：	
在哪些方面有明显退步：	
打算在哪方面做进一步努力：	

②交流与合作评价

学生在完成本次项目化学习的《合作与交流能力评价表》后，教师从电子档案中调出学生记录过的三张评价量表，请每个同学根据真实的数据画出"图表"。

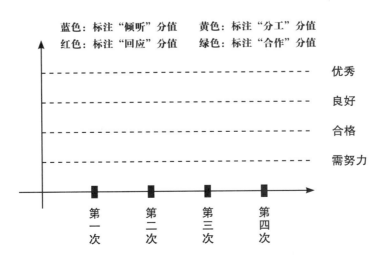

蓝色：标注"倾听"分值　　黄色：标注"分工"分值
红色：标注"回应"分值　　绿色：标注"合作"分值

优秀
良好
合格
需努力

第一次　第二次　第三次　第四次

学生依据真实的数据填写"反馈表",对自己阶段性的交流与合作能力做"变化性分析",进行深度反思,完成《合作与交流能力评价表》。(详见《获取与整合信息能力》反思表）

与《获取与整合信息能力》反思表不同,该反思是对一个阶段学习情况的反思,帮助学生绘制一幅"自画像",使学生能够更加全面审视和了解自己在合作与交流能力上需要改进的地方。

③ 辩论赛评分

该评分表由辩论赛三位评审团老师依据标准进行评分,最终根据分数选出获胜团队。

辩论赛评分表

评分项目	评分标准（满分 100 分）	正方得分	反方得分
辩论内容（50 分）	论点的清晰度:对辩题的论证清晰明确（0—10 分）		
	论证逻辑:论证过程合乎逻辑,与主题紧密相关（0—10 分）		
	论据的说服力:以音乐或者舞蹈展示的方式作为论据,具有说服力,能够影响听众和评委的观点（0—20 分）		
	反驳能力:对对方论点能做有效反驳（0—10 分）		
表达和语言（30 分）	表达的流利度:能清晰明了地表达观点,使用恰当的口头语言（0—10 分）		
	语言的准确性:表达准确,没有错误的措辞（0—10 分）		
	讲述的能力:声音响亮清晰,有条理,有说服力（0—10 分）		
团队合作（20 分）	角色划分:每个团队成员明确自己的角色,辩论赛中的每个环节有相应的负责人并高效完成（0—10 分）		
	互相配合:团队内成员之间合作默契,互相协作（0—10 分）		

④ 辩论手册填写评价

填写《辩论手册》是本次项目中学生需要完成的任务,而评价表则是教师对于学生完成项目任务所做的评价。

《辩论手册》填写评价表

	优秀（50 分）	良好（45 分）	合格（40 分）	需努力（30 分）	师 评
填写内容	能够提炼出 5—6 个论点,每个论点均从不同角度论证己方的论题。	能够提炼出 3—4 个论点,每个论点都能从不同角度论证己方的论题。	能够提炼出 1—2 个论点,且提出的论点都有利于己方的论证。	没有提炼出有利于己方论证的论点。	
语言表述	每个论点的论据都非常充分,具有说服力,逻辑清晰,表达流畅、生动,言之有理。	每个论点都有论据,论据有一定的逻辑,表达通顺。	每个论点都有论据,表述简单,部分论据缺少说服力。	提出的论据逻辑混乱,缺少说服力。	

⑤《个人任务完成情况评价表》

本项目的《个人任务完成情况评价表》可参照本书下篇第一个项目《我（们）和大海的故事》设计,结合本项目的任务修改"维度"与"责任"。

4. 设计项目实施框架图

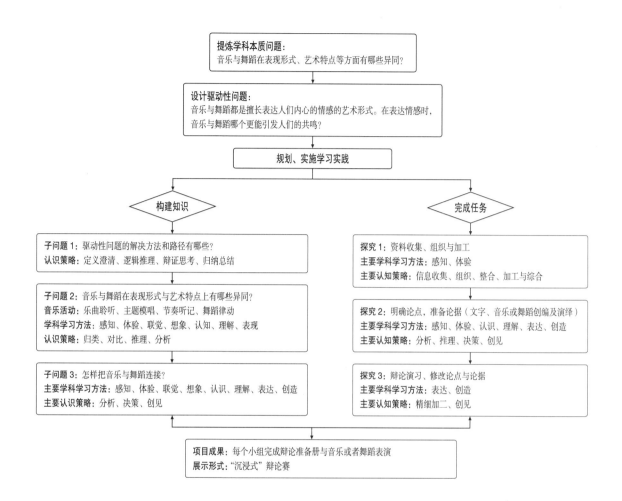

5. 制定课时规划

课　时	主要解决问题	内容重点	教学素材 / 工具	教学目标
1 课时	驱动性问题的解决方法和路径有哪些?	建构知识: 定义问题 完成任务: ① 分组设角 ② 任务分配 ③ 项目规划	苏格拉底式问题研讨法	① 激发对驱动性问题探究的兴趣。 ② 通过苏格拉底式问题研讨法,完成对驱动性问题的解构。 ③ 完成分组,明确各自在组内扮演的角色。 ④ 进行辩论赛中正方与反方的抽签。 ⑤ 通过小组讨论,填写并提交《项目规划书》《团队协议书》《任务分配书》。

（续表）

课　时	主要解决问题	内容重点	教学素材 / 工具	教学目标
2课时	音乐与舞蹈在表现形式与艺术特点上有哪些异同？	建构知识： ① 感知与体验音乐舞蹈在表现形式和艺术特点上的相通与不同之处。 ② 深入领会不同民族文化背景下音乐与舞蹈所蕴含的独特语言。 完成任务： 探索1：资料收集、组织与加工。 探索2：提炼论点，准备论据。	①《化装舞会》 ②《哈巴涅拉》 ③《木偶的步态舞》	① 准确听辨、记录并拍奏作品的典型节奏型。 ② 学习探戈、哈巴涅拉以及步态舞的基本步伐、姿态、动态。 ③ 跟随音乐舞蹈，展现它们在节奏、速度、节拍、力度等音乐表现要素上一致产生的和谐律动。 ④ 在感知与体验基础上，说出音乐与舞蹈在表现形式与艺术特点上的异同。 ⑤ 了解辩论的规则。 ⑥ 围绕辩论赛中的论题，收集、组织、和加工信息，提炼出多个高质量论点，并收集或者设计具有说服力的论据。 ⑦ 构画辩论思维导图，梳理思路（见附录）。 ⑧ 填写《辩论手册》（见附录）。
2课时	怎样把音乐与舞蹈连接？	建构知识： ① 找到音乐与舞蹈在节奏、情绪表达方面的共通之处。 ② 运用问题解决以及创见认知策略，根据所给音乐对舞蹈进行创编。 完成任务： 探索3：辩论演习、改进论据	①《万水千山总是情》 ②《阿里郎》 ③ 手机铃声音乐	① 分析作品的音乐表现要素，学习舞蹈步伐、动作和姿态，探寻连接音乐与舞蹈的关键要素。 ② 完成论据的收集以及创作与演绎。 ③ 完成《辩论手册》的填写，并依据手册内容进行辩论演习。
1课时	如何设置情境，组织成果展示活动？	沉浸式辩论赛	《辩论手册》 《辩论赛评分表》	① 提交《辩论手册》，完成辩论赛。 ② 评审团根据评分标准打分。 ③ 评审团主席宣布比赛结果。

三、项目实施

（一）入项

1. 发布辩题

教师播放一段视频，视频中呈现了音乐和舞蹈大师分享他们对于音乐与舞蹈的认识、理解。之后，提出本次项目成果展示"'沉浸式'辩论赛"的辩题，鼓励学生围绕这一辩题展开即兴讨论，激发其学习的兴趣。

组织学生完成辩论赛正反双方辩题的抽签。

2. 分组设角

在正式分组环节，教师公布小组数、每组人数以及岗位。

辩论队：分成两队，每队人数为 20 人。

每个组分成：辩论组、资料组、音乐组、表演组和创编组，每组人数 3—5 人。

小　组	岗位要求	建议人数
辩论组	愿意提升语言表达、逻辑思维能力的同学，分别担任辩论赛中的一辩、二辩、三辩和四辩选手。	4—5 人
资料组	愿意参与信息收集、整理等实践活动，提升信息技术、文本阅读与分析能力的同学。	3—5 人
音乐组	有一定的音乐鉴赏能力，愿意与人合作，从节奏、情绪情感、风格特征角度准确分析音乐的同学。	3—5 人
表演组	愿意参与音乐或者舞蹈表演，有一定表演能力的同学。	3—5 人
创编组	愿意提升舞蹈的创编能力，有一定创编经验的同学。	3—5 人

每一组还有更为细致的岗位分配，如辩论组中除了辩手外，还有组织能人，可以由某一位辩手兼任，也可以单独设置岗位。

（二）公布评价方案

学生完成分组后，教师正式公布本次项目化学习的评价方案，包括评价方式和内容。（详见《项目规划》中"项目设计"第三点"设计评价计划"）

（三）开展学习实践活动

驱动性问题：音乐与舞蹈都是擅长表达人们内心的情感的艺术形式。在表达情感时，音乐与舞蹈哪个更能引发人们的共鸣？	
作品素材：《化装舞会》《木偶的步态舞》《哈巴涅拉》《万水千山总是情》《阿里郎》	
学科核心子问题	驱动性问题的解决方法和路径有哪些？
完成的学习任务	分组、规划项目、分配任务
学习实践类型（主要）	探究型实践、调控型实践、社会型实践

学习实践	素材资源 学习支架
1.介绍"滚雪球"这一活动策略的规则。 2.活动参与人数从最初的1人，逐渐增加到2人、4人、8人。在此过程中，引导学生围绕"在情感表达上音乐与舞蹈的异同"这一问题展开讨论，鼓励学生运用发散性思维，探索可供探究的方法与路径。 3.以小组讨论的方式做出决策，选定本组探究方法和路径。 4.完成《项目化规划书》《团队协议书》《任务分配书》的填写。	学习支架 ①《项目化规划书》 ②《团队协议书》 ③《任务分配书》

学科核心子问题	音乐与舞蹈在表现形式与艺术特点上有哪些异同？
完成的学习任务	运用信息技术，为自选的一段音乐编配"探戈"节奏音轨，使其成为一首具有舞蹈节奏的音乐作品。
学习素材	《化装舞会》《木偶的步态舞》《哈巴涅拉》
学习实践类型（主要）	探究型实践、审美型实践、技术型实践

学习实践	素材资源 学习支架
1.乐曲欣赏《化装舞会》 ① 侧重于节奏、速度、力度、旋律等音乐要素以及步伐、姿态和动作等舞蹈语汇的感知与体验，着重探索两者在情绪情感表达、表现形式和艺术特点上的差异性和共通之处。 ② 了解探戈音乐与舞蹈诞生的文化背景，在文化语境下理解音乐与舞蹈形成独特风格的原因。 （详见案例《化装舞会》）（见附录教学设计） 2.乐曲欣赏《木偶的步态舞》 ① 聚焦节拍、节奏、和声、速度等音乐要素，以及基本步伐、表情、动态等舞蹈语汇，进一步感受音乐与舞蹈高度统一后产生的感染力，着重探索两者在表现形式以及风格上的差异性和共通之处。 ② 背景，在特定的文化语境下，进一步洞悉音乐与舞蹈之间的内在联系，以及它们所承载的丰富文化意义。 3.乐曲欣赏《哈巴涅拉》 ① 聚焦与乐曲的旋律和节奏以及贯穿整首作品的节奏型特点，通过歌唱以及拍奏等方式感知音乐的表现方式以及艺术特点。 ② 借助歌剧作品，了解剧中人物的形象特点。基于音乐特点，进行人物动作的设计与演绎，着重探寻音乐与舞蹈在人物形象塑造的表现形式和艺术特点上的差异性与共通之处。 4.撰写辩论手册 ① 运用资料收集、归类、决策等认知策略，提炼己方论题的观点，设计论据，独立或者合作完成辩论思维导图。 ② 运用"创见"等认知策略，进行论据设计。	1.素材资源 ①《化装舞会》《哈巴涅拉》《木偶的步态舞》乐谱、音频、舞蹈视频资料。 ② 探戈舞蹈以及步态舞舞蹈动作分解图。 ③ 探戈、哈巴涅拉以及步态舞发展历史的文献资料。 ④ 歌剧《卡门》中的唱段《爱情是一只自由的小鸟》视频。 2.学习支架 ① 节奏听记（见附录） ② 辩论思维导图 ③ 辩论手册 3.信息化软件资源 用音乐创作和编曲工具软件"和弦派"进行节奏编配、风格选配。

学科核心子问题	怎样将音乐与舞蹈连接起来？
完成的学习任务	以小组合作方式完成"手机铃声"的舞蹈编创与表演。
学习素材	《万水千山总是情》《阿里郎》《手机铃声》
学习实践类型（主要）	探究型实践、审美型实践

学习实践	素材资源 学习支架
1. 歌曲演唱《万水千山总是情》《阿里郎》 ① 学唱歌曲，并完整演唱全曲。 ② 学习《万水千山总是情》时，可着重体验音乐节拍的强弱与舞蹈脚步动作，以及音乐表现出的浪漫风格与舞蹈姿态之间的联系，找到音乐与舞蹈的契合所带来的感染力。 ③ 学习《阿里郎》时，侧重于探寻朝鲜族三拍子歌舞作品与西方圆舞曲在表现方式和艺术特点上的差异性，感受不同文化背景下艺术表达的多样性。 2. 手机铃声舞蹈编创 ① 选定喜欢的手机铃声。 ② 从音乐表现要素、音乐风格以及情绪情感表达上分析音乐的特点。 ③ 为音乐铃声设计舞蹈步伐、姿态和动作，使它们在节奏、节拍、情绪情感表达以及风格特征上与音乐相融合。 3. 准备论据 ① 以小组合作或者独立方式完成论据中音乐与舞蹈部分的编排与演绎。 ② 进行辩论演习，并进一步修改论点与论据。	素材资源： ① 歌曲的视频、音频和乐谱资料。 ② 较为经典的手机铃声。

非核心 问题	学习实践	支持性 任务	素材资源 学习支架
如何撰写辩论词？	① 通过网络或者图书馆，收集、整理与辩论赛、辩论词撰写相关的文献。 ② 观看辩论赛视频，了解辩论的规则。 ③ 观看《如何撰写辩论词》专题讲座。	完成《辩论手册》填写。	1. 素材资源 ① 专业辩论赛视频资料。 ② 专题讲座视频："如何撰写辩论词"。 2. 项目成果模板 《辩论手册》。

备注：教师根据对学生可能遇到的问题做预测，提前规划解决核心问题与非核心问题的方案、准备素材资源并提供学习支架。实际操作时，教师可以根据学生的需求及时给予指导，不必要求小组完全根据教师的预测开展实践。

（四）组织成果展示

本项目以一场畅快淋漓的辩论赛作为成果展示，不仅可以展现学生对音乐与舞蹈特点以及之间联系深入的思考，还可以引导他们运用所学进行创造性实践。

教师对教室进行布置，将所有学生带入真实的情境中。

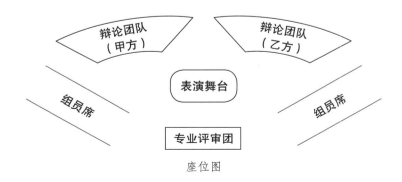

座位图

活动开始之初，先介绍由学校老师组成的人数为单数的评审团，最后由他们以投票方式决出胜负。在通过抽签方式决定决战双方之后，开始辩论比赛。

最后，评审团老师们进行现场投票，并由评审团主席宣布评选结果，对双方的表现进行点评。

四、项目反思

（一）完成评价

公布本次项目化学习中每个小组《辩论手册填写评价》《辩论赛评分表》，以及《舞蹈展示评价表》的评价结果，组织学生完成以下评价表。

1. 完成《获取与整合信息能力》自评表和反思表的填写。

2. 完成《交流与合作》评价表和反思表的填写。

3. 完成《个人任务完成情况评价表》的填写。

（二）统计数据

教师可以以班级为单位，结合过程性与终结性评价的结果，全面评估项目化学习实施的效果。这种评估不仅有助于重新审视项目的有效性，还能为项目的持续优化和迭代设计提供依据。

1. 艺术素养目标达成数据统计

《艺术素养目标达成情况表》的填写主要依据教师课堂观察，以及《辩论赛评分表》中"论据说服力"中关于艺术表现与创意实践素养的评价结果、《音乐课堂学习及作业检查情况记录表》中数据进行统计。

《艺术素养目标达成情况表》

维　度	优　秀	良　好	合　格	需努力	评价结果
审美感知素养	准确分析作品中音乐的表现要素与舞蹈动作、步伐和姿态上的典型特征；结合具体作品，清晰地阐述它们在表现方式和艺术特点上的异同。	主动分析作品中音乐表现要素与舞蹈动作、步伐和姿态的典型特征，大部分是准确的；能够阐述它们在表现方式和艺术特点上的异同，有一定见解。	能基本分析作品中音乐表现要素与舞蹈动作、步伐和姿态的主要特征，能大致说出它们在表现方式和艺术特点上的异同，虽分析不够深入，但无明显错误。	对作品中音乐表现要素与舞蹈动作、步伐和姿态的特征分析存在较多错误，不能说出它们在表现方式和艺术特点上的异同。	优　秀
					良　好
					合　格
					需努力

（续表）

维　度	优　秀	良　好	合　格	需努力	评价结果
艺术表现素养	较好地掌握探戈、步态舞、伦巴以及朝鲜舞蹈具有代表性的舞蹈动作，能够抓住音乐特点进行肢体律动，且动作协调。	比较熟练地掌握探戈、步态舞等舞蹈中部分具有代表性的舞蹈动作，基本能抓住音乐特点，较好地进行肢体律动，动作整体较为协调。	能够掌握探戈、步态舞等舞蹈中一些常见的代表性动作，对音乐特点有一定感知，能随着音乐进行肢体律动，动作虽不够流畅但无明显错误。	对探戈、步态舞等舞蹈的代表性动作掌握较少且不规范，难以抓住音乐特点，肢体律动生硬，动作协调性差，存在较多明显失误。	优　秀 良　好 合　格 需努力
创意实践素养	高质量地完成舞蹈编创，舞蹈与音乐保持高度统一性，且富有感染力。	顺利完成舞蹈编创，舞蹈与音乐在节奏、风格等方面基本保持统一，有一定的呼应和融合，整体协调性较好。	完成舞蹈编创任务，但舞蹈与音乐的统一性存在一些瑕疵，如部分节奏衔接不够紧密，或在音乐风格的体现上不够精准等。	舞蹈编创存在较多问题，舞蹈与音乐在节奏、风格等方面的脱节现象明显，难以体现出两者的统一性。	优　秀 良　好 合　格 需努力
文化理解素养	精准且深入地阐述不同国家、地区的文化，在音乐舞蹈的情绪情感表达、形象塑造以及风格形成方面所起到关键作用。	能较为准确地阐述不同国家、地区文化对音乐舞蹈在情绪情感表达、形象塑造及风格形成方面的作用，虽深度有限但逻辑清晰。	基本能够指出不同国家、地区文化与音乐舞蹈在情绪情感表达、形象塑造、风格形成间的关联，内容无明显错误。	对不同国家、地区文化与音乐舞蹈在情绪情感表达、形象塑造、风格形成方面的关系阐述模糊，存在较多错误或表述不清。	优　秀 良　好 合　格 需努力

2. 关键思维能力目标的达成情况

《关键能力目标达成情况表》是以"小组"为评价对象，依据《辩论手册填写评价表》《获取与整合信息能力》自评表，以及辩论赛评分表中与关键能力目标相关的评价结果进行填写。

《关键能力目标达成情况表》

维　度	优　秀	良　好	合　格	需努力	评价结果
高阶认知策略运用能力	能够较好地运用"决策"这一认知策略对于论据进行准确筛选，选出最具说服力的论据来论证本方的观点；能运用"创见"这一认知策略，进行音乐或者舞蹈编创，让艺术表演成为最有力的论据。	较熟练运用"决策"认知策略筛选论据，能选出较具说服力的论据支撑观点；能运用"创见"认知策略进行音乐或舞蹈编创，艺术表演可辅助论证观点。	能够运用"决策"认知策略筛选论据，所选论据基本能论证本方观点；能尝试运用"创见"认知策略开展音乐或舞蹈编创，艺术表演在一定程度上可作为论据。	运用"决策"认知策略筛选论据时存在困难，所选论据说服力不足；难以运用"创见"认知策略进行音乐或舞蹈编创，艺术表演无法有效作为论证观点的论据。	优　秀 良　好 合　格 需努力
中低阶认知策略运用能力	能够围绕任务高效地完成信息收集、整理、分类、对比、分析和推理。	能够围绕任务较好地完成信息收集、整理、分类、对比、分析和推理。	信息收集，整理和分类工作基本达标，但信息的相关性和完整性存在一定欠缺。	信息收集，整理和分类工作混乱，无法有效筛选出关键信息。	优　秀 良　好 合　格 需努力

3. 成功的技能目标达成情况

《成功技能目标达成情况表》是以"小组"为评价对象，依据学生提交的项目规划书、任务分配书的质量，项目规划与《乐舞声韵》作品评价结果之间的关联以及《交流与合作能力评价表》结果进行填写。具体可详见本书下篇第一个项目主题《我（们）和大海的故事》中的评价表。

（四）分析与反思

对于项目的分析与反思包括但不限于艺术素养、关键思维能力以及成功的技能目标达成情况，还可以通过观察学生在项目中的参与度，包括他们的参与频率、参与深度和参与方式，成果展示中学生完成的项目任务的数量以及质量，来评估学生对项目的兴趣和投入程度并以此来反思项目设计是否吸引人，或者对于这个学段的学生来说某些主题的难度是否合适等。基于这些反思，教师可以对驱动性问题、项目任务、成果展示形式以及教学方法进行调整，以满足学生学习的需要。

附录1：驱动性问题分解

子问题与子任务之间的逻辑关系

序　号	子问题	知识与技能	子任务
1	驱动性问题的解决方法和路径有哪些？	① 能够提出需要解决的问题：情感表达时，音乐与舞蹈各有哪些表现形式？这些表现形式之间有怎样的联系？它们各自有哪些艺术特点？哪些特点是两者共通的，哪些特点是有差异的？把音乐与舞蹈结合起来的方法有哪些？ ② 能够结合组员的兴趣、特长，规划与设想问题研究方法和路径。	① 准确理解探究的问题。 ② 设计问题解决的方案。
2	音乐与舞蹈在表现形式与艺术特点上有哪些异同？	① 感知、体验以及辨析音乐的音色、旋律、曲式、调式、速度、力度等音乐表现要素的典型特征，以及舞蹈基本步伐、动作、姿态等语汇，认识到它们在艺术形象的描绘、情绪情感的表达、风格特点形成上起到的重要作用。 ② 找到它们在表现形式和艺术特点上的相同与不同之处。	① 完成己方论点的梳理与提炼。 ② 规划利用己方论点提供有力的论据。 ③ 填写《辩论手册》。
3	怎样将音乐与舞蹈连接？	① 掌握将音乐与舞蹈连接的规律。 ② 根据音乐创编舞蹈，使两者在节奏、情绪表达以及风格上完美融合。	① 决策在辩论赛中提供的论据。 ② 进行论据的收集、创作与演绎。

附录2：学习支架

① 节奏听记

	听记节奏型	节奏特点
《化装舞会》 $\frac{4}{4}$		
《哈巴涅拉》 $\frac{2}{4}$		
《木偶的步态舞》 $\frac{2}{4}$		
《万水千山总是情》 $\frac{4}{4}$		
《阿里郎》 $\frac{3}{4}$		

② 辩论思维导图

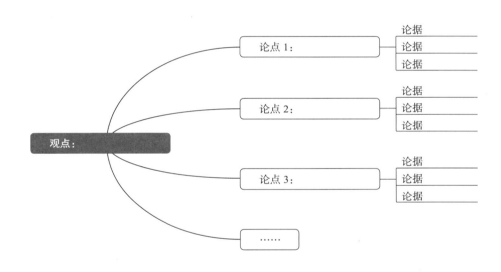

③ 辩论手册

小组名称：_____

我方观点：□抒发情感时，音乐比舞蹈更能引发人们共鸣。 □抒发情感时，舞蹈比音乐更能引发人们共鸣。

	主要论点	提供论据	论据的类型
1			□语言 □舞蹈
2			□语言 □舞蹈
3			□语言 □舞蹈
4			□语言 □舞蹈
	……	……	□语言 □舞蹈

五、案例

教学设计:《舞随乐动》

上海杨浦双语学校 赵 湘

【教学单元】歌之舞之（上海音乐出版社六年级第一学期第四单元）

【教学课时】第二课时

【教学对象】六年级学生

【教材分析】

《化装舞会》创作于二十世纪，四四拍，舞曲，节拍律动呈现强、弱、次强、弱的特点，中等速度，旋律优美流畅极富节奏感，既是阿根廷探戈音乐的代表，也是探戈舞蹈表演中常见的舞蹈音乐。该乐曲主要由三个主题构成，并采用探戈音乐中常见的 Marcato 节奏型，以及米隆加舞曲中常用的切分节奏，形成明快的艺术风格，给人以强烈的顿挫感。音乐由班多钮琴、小提琴、钢琴等多种乐器交织在一起，以对话等方式推进主旋律的表现力，呈现出时而活泼、时而华丽、时而忧伤的音乐情绪。低音贝斯和吉他等乐器作为探戈基础节奏型伴奏，使音乐具有韵律性，强化和凸显了舞蹈动作的节奏感。

探戈舞蹈受到来自各大洲多种音乐舞蹈风格的影响，在这多元的文化背景下，融合了意大利那不勒斯歌曲，阿根廷、乌拉圭传统歌舞米隆加，古巴流传而来的哈巴涅拉舞曲，由非洲黑奴带到南美的坎东贝等。在十九世纪末二十世纪初，大量欧洲移民涌入布宜诺斯艾利斯，他们带来了各自的文化、音乐和舞蹈元素。在阿根廷，不同文化的相互碰撞、融合，为探戈的诞生提供了丰富的文化土壤。探戈音乐中常常蕴含着深沉、忧郁的情感，反映了移民们背井离乡的乡愁和对新生活的渴望。

【学情分析】

本课时属于教材的第四单元，六年级学生经过前面三个单元的学习，在听辨音乐的表现要素，如旋律、音色、速度、力度、曲式、调式等的表现特征，认知管弦乐、民乐合奏、独唱、合唱等不同体裁的典型特点上已经积累了一定的审美经验。尤其是经过第三单元的学习后，大部分学生已经有了从文化语境下赏析音乐的学习能力。

学生在小学阶段已经获得了一些舞蹈的体验，常见的是伴随音乐进行舞蹈表演。本单元学习是学生从小学过渡到初中的衔接学段，对于音乐与舞蹈的本质特征，音乐与舞蹈的联系方面还缺少认识与思考。在本单元第一课时设计的入项环节中，教师引导学生运用发散性思维，在已有的经验基础上对"音乐与舞蹈"的关系展开多维度的联想。

【设计思路】

一、项目驱动

本次项目化学习探究三个子问题，本课主要聚焦第二个子问题："音乐与舞蹈在表现形式与艺术特点上有哪些异同？"为了解决这一问题，本节课主要选用探戈舞曲《化装舞会》《自由探戈》《鸽子》以及《一步之遥》作为素材。探戈既是音乐体裁，又是舞蹈体裁，通过这些作品的赏析，既能够引导学生发现两者在表现形式和艺术特点上异同，更能直观地感受到音乐的节奏、速度、力度、旋律等音乐表现要素与舞蹈的动作、步伐以及姿态的高度统一后能产生的感染力，从而激发学生探究音乐与舞蹈结合的方法。

这样的学习有助于学生完成项目任务。如，学生能够在表演时较好地将音乐与舞蹈融合，展现出更具感染力的艺术效果；又如，在辩论中学生能够基于对两者特点以及关系的深入理解，进行更有深度和逻辑性的阐述。

二、设计多样的艺术体验

本节课着重发挥艺术学科实践性的特点，采用听、赏、动、记、奏等多样艺术实践活动，帮助学生在亲身体验中获得更为直观、生动的审美感知，从而加深对音乐与舞蹈学科本质特点的理解，提升艺术审美能力。如引导学生聆听音乐、观赏舞蹈，找到它们各自语言的典型特征。还可以通过边听音乐边舞蹈的实践活动，让学生在两者交融中寻找实现高度统一的方法。在体会和谐律动后，教师引导学生展开想象，认识并理解它们在情绪情感表达、主题形象塑造以及文化表现上起到的重要作用。

三、信息技术助力创意实践

为了更好地解决本次子问题，可以借助电子设备搭建学习支架，指导学生学习与运用信息技术开启创意实践之旅。比如借助"豆包"AI 工具，更有针对性地获取资源，完成自主学习；又如 AI 视频创作技术，能够助力学生在对探戈文化认识和理解的基础上，以生动而直观的视频形式展现自己对探戈音乐与舞蹈的独特认知。学生之间不仅可以实现即时互动交流，分享各自的见解与感悟，还能进一步激发其对艺术表现和创作的浓厚兴趣。

【教学目标】

1. 通过听、唱、跳等多种艺术实践活动，结合节奏、速度、力度、旋律等音乐要素，以及步伐、姿态和动态等舞蹈语汇的感知与体验，感受探戈音乐与舞蹈高度统一后产生的感染力，从而找到两者在表现形式和特征上的差异与共通之处，认识到音乐语言与舞蹈语汇在情绪情感表达中起到的重要作用，提升审美感知、艺术表现。

2. 采用"创见"这一高阶认知策略，运用信息技术，以哼唱的方式完成探戈风格音乐的改编，提升创意实践素养。

3. 了解探戈音乐与舞蹈诞生和发展的背景，在文化语境下理解该风格产生的原因，提升文化理解素养。

【教学重点与难点】

1. 准确阐述音乐与舞蹈在表现形式和表现特征上的差异和共通之处。

2. 用信息技术创作探戈风格的音乐。

【教学过程】

一、导入

师：同学们，让我们围成圈，一起探寻音乐与舞蹈这对姐妹花的起源吧！

【环节关键设问】音乐与舞蹈的表现方式有怎样的不同？

体验：围着圈，老师带着学生边唱边跳。

师：从历史起源的角度来讲，音乐与舞蹈相伴而生，两者各具独特的艺术属性。

> **设计思路：**
>
> 巧妙创设情境，引导学生亲身领略音乐与舞蹈交融后所进发的强大艺术感染力，从而有效激发学生对音乐与舞蹈各自特点及其关联进行深入探究的兴趣。

二、新授课

（一）欣赏《化装舞会》

【关键设问】有着不同表现方式和艺术特点的音乐与舞蹈是如何表达情绪的？

1. 分组探究

师：我们一起通过探戈音乐与舞蹈《化装舞会》来探究它们在表现形式与艺术特点上的异同。

师：全班分成两组，一是音乐组，二是舞蹈组，分别完成任务1和任务2。

任务1：聆听音乐《化装舞会》

音乐表现要素	典型特征	表达的情绪
节奏		
速度		
力度		
音色		
旋律		

任务 2：观赏探戈舞蹈

舞蹈的语汇	典型特征	表达的情绪
基本步伐		
肢体动作		
身体姿态		
舞者表情		

2. 交流与分享

（1）音乐的表现要素

① 听记乐曲的典型节奏型

《化装舞会》：$\frac{4}{4}$ X X X X X ｜X X X X X ｜

② 视唱主题旋律

③ 分组合作

活动：一组拍奏节奏，一组演唱旋律。

【设问】想象音乐所展现的舞蹈画面是什么？为什么会有这样的联想？

（2）舞蹈的语汇

① 用"手指舞"的方式，学习探戈舞蹈的两种基本步伐：8 步走法和交叉荡腿舞步。

② 记录舞蹈的节奏。

8 步走法：

$\frac{4}{4}$ X X X X ｜X X X X ｜X X X X ｜

交叉荡腿舞步：

$\frac{4}{4}$ X X X X ｜X X. X X. X X. X ｜X. X X X X ｜

③ 音乐与舞蹈的结合

活动：一组拍出节奏，一组演唱旋律，一组完成手指舞。

【设问】如何将音乐与舞蹈结合起来？

设计思路：

搭建学习支架，借助电子设备，运用信息技术，如"豆包"等 AI 工具，调动已有知识经验，结合对音乐与舞蹈各自语言的感知与体验，在认识两者不同表现形式和艺术特点的基础上，体会音乐表现要素以及舞蹈语汇对于情绪情感表达的重要作用。

（二）探寻探戈的多样性

【关键设问】探戈音乐与舞蹈风格形成的原因是什么？

1. 探戈文化背景介绍

在十九世纪末二十世纪初，大量欧洲移民涌入阿根廷首都布宜诺斯艾利斯，他们带来了各自的文化、音乐和舞蹈元素。在这多元的文化背景下，意大利那不勒斯歌曲，阿根廷、乌拉圭传统歌舞米隆加，古巴流传而来的哈巴涅拉舞曲，以及由非洲黑奴带到南美的坎东贝，来自欧洲、非洲的乐器，如小提琴，班多纽琴，钢琴等，汇集在阿根廷狭小、破旧的小酒馆中，慢慢形成了具有独特风格的探戈。

2. 听辨游戏

活动：将音乐与对应伴奏型连线。

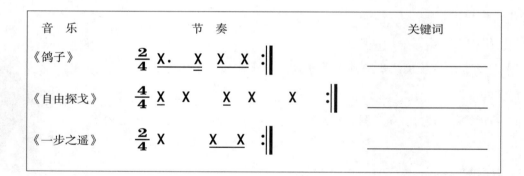

设计思路：

设计音乐与伴奏型连线的听辨游戏，旨在培养学生的音乐感知能力和对探戈音乐特征的识别能力，使学生对多元文化交融的理解不再停留在理论层面，而是在具体的音乐实践中得到深化。

（三）创意实践

【设问】用怎样的关键词描绘舞蹈的情绪，节奏韵律、肢体动态？

师：刚才看到的探戈舞蹈视频是老师利用信息技术，输入关键词后用 AI 创作的，是否还有更多优秀视频的产生呢？

1. 创作视频

活动①：在 AI 软件中输入描绘舞蹈情绪、节奏韵律、肢体动态的关键词，获得舞蹈视频。

2. 音乐与舞蹈结合

活动②：用视频软件将音乐与舞蹈相结合，创作出完整视频。

3. 分享与交流

> **设计思路：**
>
> 　　本环节是创造性的艺术实践活动，借助 AI 技术，助力学生在对探戈文化认识和理解的基础上，把对探戈音乐、舞蹈的认识快速、生动、直观地展现出来。通过分享与交流，能让学生们彼此汲取灵感，在思维碰撞中深化对探戈文化内核的感悟，进一步提升他们的艺术鉴赏力与创造力。

三、小结

图书在版编目（CIP）数据

创意探索 音韵交融——"双新"背景下中学音乐学科项目化学习
实践探索及案例解析 / 赵湘著. －上海：上海音乐出版社，2025.5
ISBN 978-7-5523-3057-1

Ⅰ. G633.951.2

中国国家版本馆 CIP 数据核字第 202557D41S 号

书　　名：创意探索 音韵交融——"双新"背景下中学音乐学科项目化
　　　　　学习实践探索及案例解析
著　　者：赵　湘

责任编辑：章文怡
封面设计：徐思娇

出版：上海世纪出版集团　上海市闵行区号景路 159 弄　201101
　　　上海音乐出版社　上海市闵行区号景路 159 弄 A 座 6F　201101
网址：www.ewen.co
　　　www.smph.cn
发行：上海音乐出版社
印订：上海中华印刷有限公司
开本：889×1194　1/16　印张：11　图、文：176 面
2025 年 5 月第 1 版　2025 年 5 月第 1 次印刷
ISBN 978-7-5523-3057-1/J · 2794
定价：80.00 元
读者服务热线：(021) 53201888　印装质量热线：(021) 64310542
反盗版热线：(021) 64734302　(021) 53203663